DULCE
TRA|C|ÓN

Los personajes y situaciones que se narran en esta historia son ficticios, cualquier hecho parecido a la realidad es mera conciencia.

Primera Edición: Octubre 2015
Diseño de la portada: Poppy Pots Design©
Título Original: Dulce Traición
Del texto: Verónika García©
Corrección morfosintáctica y de estilos: Tara Howell©
De esta edición: Red Apple Ediciones©

Verónika García©2015

ISBN: 978-84-944283-2-6

Para mi hijo y mi marido
Los dos hombres de mi vida

PRÓLOGO

Diciembre 2012

Together Marketing LTD, fundada en 1916 era uno de los grandes titanes en el mundo de la publicidad. Heredada de padres a hijos, Bennett Gibs había empezado a trabajar muy joven y ahora la que siempre había sido su casa, su hogar, estaba en problemas.

Ethan tenía que ir a visitar a su abuelo. Le había llamado muy nervioso, algo había ocurrido en la empresa.

Ethan acababa de empezar a trabajar en ella, hacía apenas unos días. Aún no había podido reunirse con su abuelo, por lo que se dirigió a su casa. Detuvo su vehículo frente a la entrada. Cuando llamó, Rita, la chica del servicio le abrió y se dirigió al estudio, donde le aguardaba su abuelo.

—Hola abuelo. —dijo una vez entró.

—Pasa. Siéntate. —Le sirvió un poco de *whiskey* en un vaso y se lo entregó—. Creo que vas a necesitarlo.

— ¿Qué ha pasado? Me estás asustando. —Su abuelo no tenía la costumbre de ser muy melodramático, debía ser grave.

—Me han quitado el control de la empresa. —confesó, agitando su bebida, mientras miraba por la ventana.

— ¡¿Qué?! —Gritó mientras se levantaba de golpe— ¿Quién?

—Tranquilízate. Siéntate. —Le dio un sorbo al vaso y prosiguió—. Mi socio y mejor amigo, Charles, o el que yo creía que era mi mejor amigo, ha estado confabulado a mis espaldas. Esta mañana teníamos una reunión con la junta directiva, la que celebramos mensualmente para discutir sobre el estado de la empresa.

Bennett Gibbs paseaba muy nervioso por la sala. No quería exteriorizar demasiado sus sentimientos, solo conseguiría que su nieto se pusiera más nervioso aún. Debía contarle todo lo acontecido esa mañana para recuperar la empresa.

—Para mi sorpresa, no hablamos sobre la empresa, si no que Charles tenía un discurso muy bien preparado. En pocas palabras expuso que yo estaba muy mayor y que mis últimas decisiones habían tenido consecuencias desastrosas.

Ethan no sabía muy bien qué decir. Quería escuchar toda la historia, pero a la vez tenía unas ganas tremendas de hacerle algunas preguntas a Bennett, necesitaba todos los detalles.

— ¿Qué decisiones? —Necesitaba aliviar esta tensión de algún modo.

—Acepté unos trabajos, que según él, serían muy beneficiosos para la empresa y resultaron ser todo lo contrario. —Se sentó delante del escritorio—. Apoyándose en una cláusula del convenio de Empresas de Marketing, en la que dice: si el director de la empresa ya ha alcanzado edad suficiente para jubilarse y se puede demostrar que ha tomado decisiones perjudiciales para la empresa, se puede realizar una votación. Si la mayoría de los votantes está a favor de su destitución a manos del segundo al mando, entonces se lleva a cabo.

— ¿Pero qué dices abuelo? No pueden hacer eso. ¿Qué coño se cree? —Estaba muy nervioso, no hacía más que pasear por la habitación. Terminó su bebida y sirvió un poco más, que apuró enseguida.

—Pues con el derecho de ser el segundo al mando. Lleva tiempo planeándolo ha convencido casi al cien por cien de los votantes de que debían destituir. En un principio yo seguiría siendo el director, simplemente no tendría derecho a votar en las reuniones. Pero han ideado un plan de jubilación para mí, en el que me dan una gran suma de dinero anualmente con la condición de que no aparezca por la empresa.

— ¿Y ahora qué vamos a hacer? —Alguna solución debía haber para arreglar esto.

—Pues llevo toda la tarde pensando en algo y creo que he tenido una idea. —Apoyó los brazos en la mesa y se inclinó sobre ella—. Aunque no sé si funcionará.

—Cuéntame, hay que hacer algo.

—Primero debo saber una cosa. ¿Durante estos días que has trabajado en la empresa le has dicho a alguien qué eres mi nieto? —A Ethan le pareció muy rara la pregunta que acababa de hacerle, pero respondió sin dudarlo.

—No. No se lo he dicho a nadie. —Afirmo mientras fruncía el ceño—. ¿Por qué?

—Porque necesito que sigas trabajando ahí. Nadie debe saber que eres mi nieto. Por suerte llevas el apellido de tu padre. Necesito que intentes, por todos los medios, sacar la empresa adelante, que escales posiciones muy pronto, para así tomar decisiones importantes. No quiero que destruyan la empresa que fundó mi padre con su sudor y sufrimiento.

—Por supuesto, abuelo. Cuenta conmigo para ello.

1

Actualidad. Año 2015

Todas las mañanas eran iguales para Sofía. Levantarse temprano, arreglarse e ir al trabajo en metro. En cualquier otra ciudad de España bastaría con que saliera treinta o cuarenta minutos antes como mucho, pero en Madrid debía salir con bastante antelación, ya que mucha gente, por no decir demasiada, cogía el metro a la misma hora.

Hacía unos siete años que trabajaba en *JM Marketing*, una empresa de publicidad, en la que recientemente había sido ascendida a directora creativa. Tenía a su cargo un equipo de seis profesionales, con los que luchaba para obtener las mejores campañas.

Debía darse prisa si no quería llegar tarde, hoy no podía permitírselo. Tenía una reunión con la junta directiva. Debía ser puntual; por mucho qué no le gustaran nada esas reuniones, tenía que estar ahí fuera como fuera.

Una vez en la estación subió al tren de su línea, sacó la *Tablet* y se dispuso a leer un poco durante el trayecto. Era uno de los pocos momentos del día en que podía permitirse leer algunas páginas de la novela romántica que tuviese entre manos en ese momento, demasiados días se llevaba algo de trabajo a casa.

Megafonía le indicó que el tren estaba a punto de entrar en su estación. Le quedaban unos diez minutos para llegar al edificio y veinte para entrar en la reunión, por lo que aceleró el paso, una vez salió de la estación. Le encantaba Madrid, estaba enamorada de la ciudad. Muchos días libre paseaba por ella. Cuando necesitaba inspiración para alguna campaña o si estaban atascados en algún punto, iba al *Parque del Retiro*, se sentaba a la sombra en el césped y poco a poco resolvía sus problemas.

Al entrar se encontró con Cristina, la recepcionista, hablando con un repartidor cachas. La joven los atraía como moscas con su personalidad coqueta y delicada.

— ¡Buenos días Cristina! ¿Ya han llegado? —preguntó en un tono bajo, como si le estuviera contando un pequeño secreto

— ¡Hola Sofía! Vas a tener suerte, aún no han llegado todos. —Le guiñó el ojo.

Se dispuso a subir al tercer piso por el ascensor, sería una tortura subirlos por las escaleras con los tacones de doce centímetros que llevaba. Le encantaban los zapatos, otra de sus pasiones, cuanto más altos y coloridos mejor. Tenía una gran colección. Siempre usaba unos a conjunto con el traje, a veces terroríficamente altos. Pero le sentaban genial, por lo que, merecía el sacrificio.

Al llegar a su piso cruzó la planta hasta su oficina. Saludó a varios compañeros de camino. Al acercarse a la mesa de su secretaria, ésta se levantó súper emocionada.

—Sofía, ha llegado esto para ti. —dijo enseñándole un gran ramo de flores.

—Muchas gracias, Elena. ¿Alguna llamada o mensaje? —Dijo sin darle demasiada importancia al ramo.

—No hay ningún mensaje. En ocho minutos empieza la reunión. ——Se sentó en su sitio.

—Lo sé. Voy a dejar esto en la oficina. —Dijo señalando el ramo mientras abría la puerta del despacho—. Y voy para allá.

Una vez dentro, depositó el ramo en su escritorio y se dispuso a leer la nota. Imaginaba quien era el remitente. Hacía un tiempo que le mandaba flores y mensajes cariñosos, pero no entendía realmente por qué. Simplemente tuvieron una cita y no fue bien, por lo que, no volvieron a verse.

Aunque quizás debería haberle dicho que no le interesaba volver a saber nada de él, en vez de ignorarlo. Pero a ella, las muestras de afecto no le gustaban nada. Siempre había sido una mujer muy sería, muy recta. Solo una noche se había permitido un desliz y aún estaba sufriendo las consecuencias. En fin, sería mejor que se quitara este asunto de la cabeza no quería estar distraída en la reunión. Ya le pondría remedio en otro momento.

**

Al entrar en la sala de reuniones, casi todos los ocupantes se encontraban ya sentados en sus asientos correspondientes. La reunión transcurrió como tantas otras, hablaron de los proyectos activos, posibles futuros clientes, de anteriores proyectos que aún seguían dando alegrías y como no, se habló de la competencia: si habían realizado alguna campaña importante o no.

Y ya a punto de finalizar, tomó la palabra el director:

—Bueno, y ya para terminar la reunión me gustaría comentaros algo. Como ya sabéis, hace unos meses que decidimos abrir una sucursal en Londres, para expandirnos al mercado internacional. —Se escucharon muchos sí en respuesta—. Pero no va tan bien como habíamos esperado, por ese motivo, hemos decidido trasladar a alguien dinámico que nos ayude a sacar adelante las campañas que tenemos en activo, que extraiga lo mejor de sí del equipo de creación. —Hubo más murmullos en respuesta—. Y para eso hemos decidido proponer a la señorita Sofía Campos, por su gran trabajo los últimos meses, quien sea trasladada para llevar a cabo esta nueva tarea.

La sala se llenó de un gran silencio, hasta que las murmuraciones, felicitaciones y comentarios insidiosos empezaron. Sofía no salía de su asombro, no podía creer que aquello estuviera pasando, haberla elegido a ella entre los seis directores creativos que había en la empresa. A ella que tan solo llevaba seis meses de directora creativa.

Sofía no prestó mucha atención a lo que se decía el resto de la reunión, tenía demasiadas preguntas rondando la cabeza. *« ¿Qué debía hacer ahora? ¿Debía marcharse? ¿Cuánto tiempo disponía? ¿Qué debería hacer para motivar a su nuevo equipo?»* Y muchas más preguntas iban apareciendo cada vez que pensaba en ello.

El gerente la llamó a su oficina para explicarle con todo detalle su próximo destino. Se sentó delante del escritorio, mientras Carlos se sentaba en su silla.

—Bien Sofía. Como se ha dicho en la reunión. —Comentó mientras leía unos papeles que había sobre el escritorio—.El traslado durará unos seis meses aproximadamente. Puede que necesitemos que te quedes un tiempo más.

— ¡No puedes trasladarme porque sí! ¡Sin preguntarme si me interesa!

—Cálmate Sofía. —Estaba muy nerviosa, y se levantó para pasear por la oficina—. Sabes que en estos momentos eres la mejor, te necesitamos allí.

—Me da igual, Carlos. Tengo una vida, una familia. No puedes venir un día y decirme que me voy a Londres.

—Te incrementaremos el sueldo. La mudanza corre por nuestra cuenta, y te buscaremos un apartamento. —Intentaba convencerla de alguna manera—. Cuando te des cuenta, estarás de vuelta.

—No es tan fácil, Carlos. Mi madre se va a volver loca cuando se entere de que me voy durante seis meses al extranjero. Por mucho que esté a dos horas de avión.

—No quiero ponerme de malas. Pero si te niegas, estarás renunciando a tu puesto de trabajo.

— ¿Perdón?

Carlos juntó las manos encima del escritorio y observó a Sofía. Después de su última advertencia, pudo darse cuenta de que había entrado en razón. La empresa necesitaba a Sofía en Londres y debían conseguir su traslado, costase lo que costase.

Una vez terminó de charlar con el gerente, por llamar de alguna manera a la discusión que habían tenido, decidió tomarse el resto del día libre. Salió de la oficina y se puso a caminar sin ningún rumbo en concreto, dejó que sus pies la llevaran donde quisieran. Cuando se dio cuenta estaba en *el Retiro*, donde se sentó en un banco a la sombra. Necesitaba meditar todo esto, pero sobre todo necesitaba relajarse. Su charla con el gerente no había sido demasiado amistosa, prácticamente estaba entre la espada y la pared. Si aceptaba, su madre enloquecería, si no lo hacía perdía su trabajo. Era un gran cambio lo que estaba por venir.

Debía tomarse esas dos semanas con mucha calma, empaquetar poco a poco todo lo que pudiese necesitar, ponerse de acuerdo con la empresa de mudanza y organizarlo todo para que fuera llevado a su nuevo apartamento. En su piso de Madrid podría dejar muchas cosas. Y cuando volviera todo seguiría exactamente como lo había dejado.

Lo que más le preocupaba era darle la noticia a su madre, no llevaría muy bien el que se ausentara tanto tiempo. Tendría que hablar con su hermano para que estuviera un poco más pendiente de ella, y pasara por su casa a visitarla. Hacía pocos meses que se había independizado, y al sentirse libre, sin ataduras, apenas se le veía el pelo. Cuando quería era muy maduro, pero a veces, se seguía comportando como un adolescente. Aunque bueno, con veinticuatro años es normal que quiera estar todos los días con los amigos. Estos seis meses iban, no solo a cambiar su vida, si no la de su familia también.

Total, Londres estaba a pocas horas de avión, y a las malas, siempre les quedaba el teléfono. Recibiría un montón de llamadas de su madre, simplemente para saber si había comido, o si me iba todo bien.

2

Se rumoreaba, que una importante empresa londinense de joyas estaba buscando renovar su imagen, por lo que, todas las empresas andaban a la caza. Ethan Bradsow trabajador de *Together Marketing LTD*, tenía muchos contactos en el mundo de la publicidad, siempre acababa enterándose de todos los detalles. Propuso diseñar una campaña de publicidad para la firma de joyeros *Butler & Wilson* para demostrar lo que eran capaces de hacer y así, si les gustaba su campaña la empresa ganaría mucho prestigio.

Together Marketing llevaba unos meses un poco flojos en cuanto a nuevas campañas y clientes, debían aprovechar cualquier oportunidad. Ethan era muy bueno en su trabajo. Su equipo formado por cinco personas, él inclusive, podía realizar una campaña para cualquier tipo de producto, no había nada que no pudieran hacer.

Ethan tenía un gran magnetismo, siempre sabía elegir y decidir con quién debía quedarse o a quién podría conseguir. Sobre todo cuando eran mujeres. Porque, para qué engañarse, estaba de muy buen ver. Diariamente se levantaba temprano para salir a correr, a una hora en la que no se encontraba a casi nadie transitando por la ciudad. Cuidaba bastante su alimentación, y si el trabajo se lo permitía, iba alguna hora al gimnasio.

Por eso, nunca le faltaban las citas. No se consideraba un ligón, no buscaba tener citas cada día y estar con cuantas más mujeres mejor, pero sí que de vez en cuando le gustaba tener alguna cita sin compromiso, a sus treinta y cinco años aún se consideraba joven para sentar la cabeza.

—John, ¿has podido conseguir alguna información sobre *Butler & Wilson*? —preguntó a un componente de su equipo mientras discutían posibles opciones para la nueva campaña.

—No hay nada nuevo, he realizado algunas llamadas pero no saben nada.

— ¡Tenemos que conseguir esa campaña como sea! —Dijo elevando la voz—. Es la campaña que necesitamos para terminar de levantar la empresa.

Había llegado a sus oídos que *JM Marketing International* estaba reuniéndose con los joyeros presentando ya sus propuestas de campaña. No podía permitir eso, haría lo que estuviese en su mano para que se quedaran con ellos.

JM Marketing International era su gran competencia en el negocio. No llevaba tanto tiempo funcionando, como *Together Marketing*, pero tenían un gran catálogo de buenas campañas. Siempre competían por los mismos clientes, algunas veces ganaba una, y otras veces la campaña se la llevaba la otra. Pero hasta que el cliente se decidía por una de las dos empresas, era una competición en toda regla.

—Yo me he enterado de que una creativa de España se va a trasladar a aquí para reforzar la empresa. —dijo Sarah otra componente del equipo.

— ¿Sabes de quién se trata Sarah? —preguntó intrigado, conocía a todos los personajes importantes de su entorno.

—Sí, Sofía Campos. —contesto en un murmullo.

Todos quedaron en silencio, no eran necesarias muchas más palabras, Sofía Campos era bien conocida en el sector publicitario. Su nombre sonaba mucho últimamente. Había conseguido muy buenas campañas en España, por lo que deberían andar con pies de plomo.

La reunión terminó e Ethan se dirigió a su oficina. Pensó que debería informarse sobre los nuevos cambios, de la competencia, para estar atento a cualquier paso que pudieran dar. El conseguir este cliente era fundamental, una guerra abierta en la que tendrían que luchar hasta que solo quedara uno con vida. Él haría cualquier cosa por ser el vencedor.

Una vez terminada la jornada laboral, se dirigió al gimnasio a soltar un poco de adrenalina. Más tarde iría a cenar a casa de sus padres, para celebrar el cumpleaños de su querida abuela. Ethan nació en Londres, pero su padre no. De origen nigeriano. El padre de Ethan se trasladó a Londres siendo un adolescente para buscar un futuro. Poco tiempo después de llegar a la ciudad, encontró un trabajo en una cafetería donde conoció a una bella londinense, de la que se enamoró y con la que se casó al poco tiempo. Fruto de ese matrimonio nació Ethan. Un hombre de carácter fuerte, tenaz; con un físico atrayente, una altura considerable junto a un tono de piel tostado y los ojos marrón miel de su padre.

Debía idear un plan, enterarse de todos los movimientos de la nueva agente. Conocía el buen trabajo que había hecho en España, pero no la conocía físicamente. Debería buscar una foto suya para conocer su cara, ya que sus respectivas oficinas estaban muy cerca.

Podría intentar enchufar a unos de sus compañeros en la competencia, para así conocer sus movimientos.

Quizás ligarse a la secretaria de Sofía Campos, seguro que no se resistiría a él. Aunque quizás…

Se le acababa de ocurrir algo y mientras corría en la cinta, paso a paso, cada milla recorrida por los fuertes de sus pisadas ésta iba madurando. No sería jugar limpio, pero en el arte de la guerra, todo es válido. Sobre todo, cuando pesaba sobre sus hombros la responsabilidad de devolver a su familia la empresa que siempre le había pertenecido.

Después de desgastarse durante unas horas en el gimnasio, se duchó y se preparó para ir a casa de sus padres. Su tía Josephine se había presentado en casa de su madre, junto con sus hijos para pasar el fin de semana. Básicamente estaba obligado a asistir, para entretener a sus primos.

Hacía varios meses que no se reunían. Como cada año, Josephine y sus hijos pasaron varios meses en Nigeria. Tenían una empresa de textiles. Ethan no viajaba muy a menudo a visitar a sus abuelos, ya debido a su trabajo no disponía de suficiente tiempo libre. Pero cada vez que iba disfrutaba de la gente, del ambiente y sobre todo de la gastronomía.

Condujo hasta el barrio de Mayfair. Al llegar, abrió con las llaves que aún conservaba. Por muchos años que pasara, la decoración de la casa nunca cambiaba. Las paredes estaban llenas de cuadros, los muebles estaban repletos de figuritas. La mesa de centro, con sus respectivas sillas, candelabros y jarrones. Todo el mobiliario, antiguo y restaurado, de color marrón.

Estaban todos reunidos en el comedor. Sus primos Chief y Emeka estaban en el sofá mientras tecleaban en sus móviles atentamente. Josephine estaba en la cocina junto a Marjorie, madre de Ethan, dándole los últimos retoques a la cena.

Josephine y ella se llevan tan solo dos años, siendo la madre de Ethan la mayor. Marjorie se enamoró de un africano, cosa poco vista cuando eran jóvenes. No fue fácil al principio, pero con el paso del tiempo, dejaron de pensar en el qué dirán y disfrutaron de su amor. A los pocos años, los familiares de Vitalis les visitaron para celebrar su boda y su hermana se enamoró de la ciudad y de Richard, un amigo de la familia. A los pocos meses, Josephine consiguió un visado de trabajo, reencontrándose así con la ciudad que la enamoró y con el hombre al que ya amaba. Lucharon por su amor, hasta el día de hoy.

— ¿Qué pasa? ¿Cómo siempre enganchados al móvil? —Sus primos apartaron la vista del teléfono un segundo para saludarle con la cabeza.

—*Abi*. Tenemos que recuperar el tiempo. —comentó Chief, el más ligón de los dos.

—Y avisar a todos de que ya hemos llegado, *chai*. —dijo Emeka, el mayor de los dos hermanos.

— ¿Qué tal las vacaciones? ¿Habéis ligado mucho? —Ethan les conocía bien y su tema de conversación favorito.

—Lo justo para no aburrirnos.

Mientras Josephine y Marjorie terminaban la cena, los primos se ponían al día de lo ocurrido en el tiempo que no se habían visto. Poco después, Marjorie avisó de que la cena estaba lista, pero aún no habían llegado los hombres de familia, por lo que esperarían hasta su regreso.

Vitalis y Richard hicieron su aparición a los treinta minutos. Habían salido para atender una urgencia en la fábrica textil. Estaba todo preparado, por lo que, se dispusieron a cenar entre risas, anécdotas y bromas. Para darles la bienvenida, Marjorie había preparado una cena de platos típicos nigerianos, con las especias que le había traído su cuñada.

Al terminar la cena se trasladaron al salón. Ellas tomaron un té, mientras que los demás se sirvieron una copa de *whiskey*. La conversación cambió, discutieron sobre sus respectivos trabajos, mientras que ellas comentaban las últimas novedades en la familia.

Cuando empezó a bostezar, Ethan se levantó para irse a casa. Por suerte no vivía demasiado lejos y podría acostarse pronto. Había sido un día muy largo y necesitaba estar descansado para afrontar todo lo que se le venía encima.

3

Días después de que le comunicaran la noticia aún no había hablado con su madre, no sabía muy bien cómo explicárselo.

Su madre no había tenido una vida fácil. Su padre, por llamarlo de algún modo, les abandonó cuando Sofía tenía cuatro años. No explicó por qué, simplemente dejó una nota. Mercedes, su madre, lo pasó realmente mal. Anclada en una depresión durante mucho tiempo perdió la oportunidad de cuidar a su hija como debería. Sofía nunca había llegado a saber por qué su padre se había marchado. Durante mucho tiempo, pensó que había hecho algo mal y la culpa la consumió. Hasta que creció y se dio cuenta de la verdad.

Su madre, cuatro años después, consiguió dejar el pasado atrás, rehízo su vida y encontró el amor con Luis López. Él trabajaba en la panadería, donde cada día iban a comprar el pan. Una cosa llevó a la otra y tuvieron su primera cita. Tras esa primera noche, no volvieron a separarse. Después de un tiempo de convivencia, llegó Alberto, el hermano pequeño de Sofía.

A pesar de llevarse ocho años, estaban muy unidos. Sofía siempre ha sido como una segunda madre para Alberto. Cuando llegaba del colegio, muchos días, su madre se iba a trabajar y Sofía se quedaba a cargo de su hermanito de tres años. Desde entonces han sido inseparables. Cuando ella ya llegó a la edad de la pubertad, y quiso salir con sus amigas, siempre tenía tiempo para dedicarle, para jugar con él o ayudarle con los deberes.

Cada martes los cuatro se reunían para cenar, sin importar que al día siguiente madrugaran. Los martes era el día familiar. Así que hoy, como cada martes, iba de camino a casa de su madre para cenar. Sería el mejor momento para explicarles todo. No vivía muy lejos, así que decidió ir caminando y practicar el discurso.

Al llegar le abrió José, portero del edificio y se dirigió al ascensor. Al llegar al piso correspondiente, su madre le abrió la puerta del apartamento. Tras saludarse, su ceño se frunció al darse cuenta de que su hermano ya había llegado, algo muy raro en él. Siempre era el último. Se dirigió al comedor y de camino dejó su chaqueta en el perchero.

— ¡Hola! —Se acercó a Luis y a su hermano. Tomó asiento al lado de Alberto mientras su madre empezaba a servir la cena.

— ¿Qué tal el trabajo Sofía? —preguntó Luis que se preocupaba mucho por ella.

—Muy bien. Desde que me ascendieron, cada día mejor.

— ¿No crees que trabajas mucho, cariño? —Su madre siempre estaba igual.

—Mama, no empecemos con lo mismo. —dijo aburrida—. Además ¿Qué más quieres que haga si no tengo pareja ni nada?

—Normal que no tengas hija, si solo trabajas. —Terminó de servir la cena y se dispusieron a comer—. Así como te vas a echar novio.

—Mama, déjala, no seas pesada. —Gracias a Dios, su hermano Alberto salió en su ayuda.

—Gracias.

Charlaron sobre los estudios de su hermano, quien cursaba una diplomatura de mecánica. Siempre había sentido pasión por los coches y motos. Bueno, en realidad por cualquier cosa que tuviera ruedas y motor. Y les entretuvo contando anécdotas de aquella semana en clase. En realidad, charlaron de todas las cosas que se les ocurrían, menos del tema que le importaba a Sofía y que no se atrevía a sacar.

—Bueno hija, cuéntanos algo tú. ¿Qué tal tus amigas Lara y Sandra? ¿Ya volvieron del viaje? —Sus amigas de la infancia, un tema seguro de conversación.

—Sí, ya están aquí desde hace unos días. Hablamos ayer y están bien, lo pasaron genial en Francia. —Sus mejores amigas siempre estaban de viaje. Trabajaban juntas en un restaurante. Durante los meses de Enero y Febrero cerraba y aprovechaban para viajar. Sofía casi nunca podía ir con ellas, pero se contentaba con ver las fotos.

— ¿Vais a salir este fin de semana? A ver si les dices que vengan un día a verme.

—Claro mamá, se lo diré. Supongo que sí saldremos. —respiró hondo y se decidió—. Tengo algo que contaros. —Una vez que tuvo la atención de los tres prosiguió—. Hace dos días tuve una reunión en el trabajo y entre los temas que se trataron… uno de ellos era el traslado de una persona a la sucursal londinense para reforzar y apuntalar al nuevo equipo. Y pues… Pues me han notificado que esa persona soy yo. En unos doce días me voy a Londres durante seis meses.

Se quedaron todos boquiabiertos. Ninguno se esperaba una noticia como esa. Su madre se quedó bloqueada. Abrió la boca para hablar, pero la volvió a cerrar al instante. Su respiración cada vez iba más rápido, su rostro se estaba tiñendo de rojo y empezó a abanicarse con la mano para intentar echarse algo de aire.

— ¡¿Cómo es eso de qué te vas a Londres?! —Gritó cuando consiguió hablar por fin.

—Me han trasladado. No tengo más remedio que ir. Si me niego es firmar mi carta de renuncia y no me lo puedo permitir. —Esperaba que su madre no se pusiera a llorar—. Solo serán seis meses, cuando os deis cuenta ya estaré aquí otra vez. No es para tanto, son unas vacaciones un poco largas.

—Pero, no puede ser. ¿Cómo vas a irte tú sola, a un país extranjero? ¿Y si te hacen algo? ¿Vas a vivir sola? —la angustia en su voz denotaba que estaba realmente preocupada.

—Mamá, tranquilízate. Solo voy a trabajar a dos horas de avión. No debes preocuparte. —No sabía muy bien como consolar a su madre, no se le daba muy bien.

— ¿Cómo no me voy a preocupar? Vas a estar sola… y yo no voy a poder verte… —Ese era el problema de todo esto, Mercedes estaba acostumbrada a ver a su hija casi a diario.

—Cariño. Ella va a estar bien y tú también. No debes preocuparte por nada. —Intentaba razonar Luís con su mujer.

— ¿Y cuántos días tienes para prepararte? Espero que podamos pasar unos días juntos, antes de que te vayas. Después serán muchos días sin verte. —Sus ojos empezaban a humedecerse.

—Mamá. —La agarró del brazo—. No te preocupes. Sabes que hablaremos muy a menudo, tanto que no te darás cuenta de que me he ido.

—Está bien hija. —Mercedes puso su mano encima de la de su hija—. Pero ten mucho cuidado por ahí, por favor.

—Claro que sí. —dijo mientras se dejaba besar y abrazar por su madre.

Terminaron de cenar y Mercedes, junto con Luís, se dispusieron a recoger los platos, dándoles así a los hermanos, unos minutos a solas. Sofía aprovechó ese tiempo para confesarse con Alberto.

—No tengo ningunas ganas de irme a Londres y dejar sola a mamá, pero no me queda otra. —A la única persona que Sofía confesaba sus preocupaciones era a su hermano, su mejor amigo y confesor.

—Me he dado cuenta según lo explicabas. No te preocupes por mamá, se le pasará. —Ahí estaba el hermano maduro del que estaba orgullosa.

—Espero que pases más tiempo por aquí, es la única manera de que me vaya tranquila. —Sofía estaba realmente preocupada por su madre.

—No te preocupes por nada.

Mientras los hermanos hablaban, Mercedes y Luís también lo hacían en la cocina mientras fregaban los platos. Ella estaba muy preocupada por su hija, ya que se iba a un país extranjero, con personas de todas las nacionalidades y desconocidas que podrían intentar aprovecharse de ella.

Cuando Luís consiguió calmar a su mujer, salieron con una bandeja que portaba café para todos. Lo bebieron con tranquilidad, mientras hablaban de cualquier cosa intentando olvidar la desafortunada noticia.

Poco después Sofía se fue, había quedado con las chicas para tomar una copa y así poder contarles las nuevas noticias. Cada semana se reunían en *el Latino*, un local de copas que frecuentaban desde hacía años. Ponían todo tipo de música y las copas estaban bastante bien de precio. Estaba escondido, por lo que no se solía llenar de turistas. Cuando llegó ya estaban las chicas dentro esperándola. Se saludaron una vez que Sofía se sentó frente ellas. En cuanto vio un camarero cerca, le pidió una copa. Necesitaba beber algo.

— ¿Qué tal la cena familiar? —Lara estaba sentada a su derecha, mientras que Sandra a su izquierda

—Bien, les conté la noticia… me ha costado bastante, pero ya está. —Trajeron su copa y dio un largo trago. Uno de los pocos lujos que se daba era el tomar mojitos con las chicas.

—Estos días te volverás loca para dejártelo todo arreglado, si necesitas algo voy, a cambio de un buen mojito claro. —Sandra era la más directa de las tres. En ocasiones demasiado.

—Gracias, lo tendré en cuenta. Espero que no os importe quedaros con una copia de las llaves e ir pasando de vez en cuando a abrir la persiana, para que no parezca deshabitado. —En realidad sus amigas se morían por su piso en el centro.

—Yo me ofrezco voluntaria. —Lara levantó la mano—. Y no haré ninguna fiesta ni me llevaré a ningún tío a pasar la noche…

— ¡Lara! —Sofía soltó una carcajada—. No me hagas reír. Sabes que eso es lo primero que vas a hacer. —La conocía demasiado bien.

—Tienes razón. Mejor se las das a Sandra. —Puso carita de pena—. Aunque no sé quién es peor…

— ¡Pero si sois igualitas! —Exclamó entre carcajadas—. Vamos a hacer un trato. Os dejo una copia, os la turnáis como queráis. Podéis ir los días que queráis y hacer lo que sea, mientras lo dejéis todo como está y no hagáis guarradas en mi cama.

— ¡Vale! —gritaron las dos emocionadas mientras daban palmadas.

Tras una segunda copa cada una se marchó a su casa. Sofía debía madrugar no para ir a trabajar, ya que tenía varios días libres para organizar su traslado, si no que debía ir al banco para dejarlo todo organizado. También quería ir a comprar unas cajas para ir empaquetando las cosas que se iba a llevar, que no eran pocas. Llevaría consigo su guardarropa siempre; algunos libros, el portátil y otras cosas más imprescindibles en su vida.

Por otro lado, había mucha gente a la que visitar, amigos y familiares. Procuraría despedirse de todos o por lo menos citarse con ellos durante las últimas dos semanas que le quedaban antes de su viaje.

Su empresa le buscaría alojamiento, también contrataría una empresa de mudanzas para que, dos días antes de que viajara, vinieran a buscar las cajas y llevarlas a su nuevo apartamento. Se encargarían de colocar las cosas en estanterías y armarios, de las cajas que tuviesen escrito colocar afuera. Así tendría menos trabajo cuando llegara a su nuevo hogar.

Tenía un duro trabajo por delante.

4

El tiempo había pasado volando. Y en estos momentos se encontraba en un taxi de camino a su nuevo apartamento en Londres. El vuelo desde Madrid había transcurrido sin ningún problema, dispondría de tiempo para acicalarse e ir a conocer la empresa.

Había oído hablar mucho de Londres, sobre todo desde que Lara y Sandra habían venido de vacaciones a la ciudad. Antes de irse, le dieron un listado de lugares y barrios que debía visitar sin falta, durante su estancia.

Una vez en su apartamento quedó completamente maravillada. Situado en el mismo centro, le permitía moverse caminando por toda la ciudad y estaba cerca de su trabajo. Simplemente debía recorrer cuatro manzanas. Había recibido una copia de sus llaves estando en España, por lo que al abrir la puerta, se encontró con un montón de cajas esparcidas por la estancia. Debería pasar el resto del día intentando acomodar todas sus pertenencias; pero primero quería conocer su nuevo puesto de trabajo.

Durante el trayecto a pie, aprovechó para ojear todos los comercios que había por la zona. Buscando una cafetería cercana y un restaurante dónde poder escaparse para ir a comer. Aunque lo que más le urgía buscar era un parque, que estuviera cerca de su oficina, al cual pudiese ir a sentarse, en un banco o en el césped, cuando estuviese bloqueada o un poco saturada del trabajo.

Sin darse cuenta, se encontró frente al edificio, e inspirando profundamente se preparó mentalmente para las presentaciones. Sus zapatos favoritos *Pedro del Hierro* le dieron la fuerza y la confianza necesaria para adentrarse en él.

—Hola, mi nombre es Sofía Campos. Empiezo mañana aquí y he venido a conocer la empresa. —le dijo a la recepcionista.

—Sí, claro. Concédame unos segundos que verifique la información.

Mientras la recepcionista hablaba por teléfono, Sofía aprovechó la ocasión para observar detenidamente todo lo que la rodeada. La decoración era un poco austera, anticuada. Necesitaba un cambio de imagen, algo más moderna, para qué los clientes desde el primer momento apreciasen la modernidad y frescura de las ideas de la empresa.

—Buenos días, mi nombre es Joseph, soy el gerente. Es un placer conocerla señorita Campos. —dijo un hombre acercándose a ella y estrechándole la mano.

—Puede llamarme Sofía. —Sonrió—. Debía incorporarme mañana, pero tenía muchas ganas de conocer la empresa. Espero que no sea ningún problema.

—Por supuesto que no, acompáñeme.

Joseph le dio un tour por el edificio, le enseñó todos los departamentos y le presentó a todos los trabajadores que iban encontrando por el camino. Una vez hechas las presentaciones, tuvo diez minutos para conocer un poco más a su equipo y así hacerse una primera impresión. Después de haber hablado y conocido al personal dio la visita por finalizada y se marchó a casa, pero de camino decidió que pararía en una cafetería para tomar un café, necesitaba urgentemente cafeína.

Entró en la cafetería situada cerca de la oficina y se sentó en una mesa. Cuando se acercó un camarero, le pidió un café y una porción de tarta. Sacó su *Tablet* y se dispuso a leer mientras disfrutaba de la cafeína, hasta que alguien carraspeó. Cuando Sofía levantó la cabeza para ver quien estaba a su lado, se quedó embobada. Frente a ella, un hombre trajeado con un porte de escándalo, un rostro de lo más atrayente y unos ojos que la estaban devorando de arriba abajo, la observaban sin perder detalle.

—Perdona, te he visto entrar y no he podido evitar fijarme en ti. No se suele ver una belleza tan exótica como la tuya.

Cuando Sofía escuchó su voz un escalofrío la recorrió, extendiéndose por todo el cuerpo. Nunca pensó que una voz pudiera hacer eso. Pero no era una simple voz. Era un tono ronco y a la vez muy sensual. Una de esas voces que podría llevarte al cielo con solo susurrarte al oído.

—No eres muy habladora, ¿no? —El hombre se sentó en la mesa con ella. Ethan por mucho que había pensado en ello, aun no estaba muy convencido de llevar a cabo su plan, pero después de haberla visto, sus dudas se disiparon en menos de un segundo—. Me llamo Ethan, trabajo cerca y vengo bastante por aquí. Es la primera vez que te veo. ¿Eres nueva en la zona?

—Mmm… sí. Me acabo de mudar. —Sofía no quería que se diera cuenta como le había afectado su voz, por lo que continuó bebiendo su café y agachó la cabeza para intentar leer.

— ¿Cómo te llamas? —Dijo Ethan acercándose un poco por encima de la mesa—.-Vamos, no te hagas de rogar.

« ¡Madre mía!», a ella le gustaría que la hiciera de rogar. ¿Pero qué le estaba pasando? De repente aparecía un tío bueno delante de ella y perdía la cabeza. Como si fuese el primer hombre que veía. Aunque debía admitir que ninguno como éste.

—Lo siento, pero estoy intentando tomarme el café y seguir con mi lectura. ¿Te importa? —Cuando un hombre intentaba ligar con ella se hacía la dura. Siempre hacía lo mismo.

No dejaba que ningún hombre se acercara. Debía ser ella que se acercase al hombre que quisiese cuando le apeteciese. Era demasiado evidente, que cuando un hombre se le acercaba solo era en busca de sexo, aunque por otra parte, era lo mismo que ella buscaba en ellos. Simplemente Sofía elegía cuándo.

—Ya me he dado cuenta que estás leyendo. Pensé que quizás te gustaría hablar conmigo. —Sofía levantó la vista del libro y le miró a la cara. Lo que vio la dejó sin palabras. Sobre todo, su mirada deseo.

Sin apenas darse cuenta, apagó la *tablet* y se quedó a la espera de volver a escuchar esa voz tan sexy, que conseguía hacer estragos en su cuerpo.

—No soy muy habladora. —Consiguió decir sin tarta-
mudear—. Y no me gusta que me interrumpan cuando estoy
leyendo.

—Lo siento, quizás he empezado de la forma equivoca-
da. Espera.

Él se levantó del asiento. Dio tres pasos hacia atrás, giró
trescientos sesenta y cinco grados y caminó de nuevo hacia la
mesa. Sin apartar los ojos de encima a Sofía.

— ¡Hola! Me llamo Ethan. ¿Puedo sentarme? —Sofía
asiente con la cabeza, un poco sorprendida—. Perdona que te
interrumpa, pero no he podido evitar acercarme para conocerte.

Esa última frase provocó una sonrisa en Sofía. Tenía la
vista puesta en su boca, sus labios se movían de una forma
muy provocadora; tanto que de repente vio la mano de Ethan
pasar por delante de su rostro.

— ¿Perdón? —Por un momento, dejó de escuchar lo
que decía mientras le miraba embelesada.

—Te preguntaba qué cómo te llamas. —Ethan posó su
brazo sobre el respaldo de la silla de ella, provocándole un
escalofrío por la proximidad.

—Mmmm… Sofía. —Se giró y le dio un sorbo al café.
Necesitaba apartar la vista de ese adonis, si no quería entrar en
estado de combustión.

— ¿Vienes a menudo? —Sofía negó con la cabeza.

—Es la primera vez que vengo.

Hablaron mientras se tomaban sus consumiciones. Una
vez terminadas, cada uno debía seguir con sus planes.

Cuando se fue, pudo terminarse la tarta tranquila, no se atrevió a darle un bocado y atragantarse con ella, gracias a las reacciones que sentía su cuerpo al lado de Ethan. Le temblaban bastante las piernas, por lo que, decidió quedarse un poco más leyendo.

Volvió a encender la tablet, pero no consiguió concentrarse en la lectura. El rostro de Ethan aparecía en su mente, cada dos por tres, para desviar su atención. Era la primera vez que se fijaba en un hombre de sus características. En España vivían muchos africanos, en su zona, pero no conocía a ninguno personalmente. Se cruzaba con ellos, cada día, para ir al trabajo en el metro; y aun así, ninguno le había atraído. Hasta ahora.

Cuando vio a Ethan por primera vez, lo último que pensó fue en su procedencia. Pero Sofía sabía perfectamente, que si su madre la hubiera visto, con Ethan a su lado, tan cerca; le habría dicho cuatro palabras. Suerte que esto se había quedado en una breve conversación y su madre estaba bastante lejos.

Pagó la cuenta al terminar los tres capítulos siguientes, y se dirigió a su apartamento. Se dispuso a colocar todas las pertenencias que aún estaban en cajas. Suerte que solo había traído lo imprescindible.

A las dos horas de empezar, ya cansada de colocar cosas, se sentó en el sofá y decidió llamar a sus amigas a través de *Skype*. Así no le cobraría por la llamada, ya que simplemente necesitaba internet. Llamó al teléfono de Lara, ella siempre estaba pendiente del móvil y conseguiría dar con ella. Ya que Sandra era mucho más olvidadiza.

Descolgaron la llamada, pero nadie contestó. Se escuchaba bastante ruido y música de fondo. De repente, apareció la cara de Lara en la pantalla, ya que era una videollamada.

— ¡Hola! —Lara estaba muy animada—. Estamos celebrando tu traslado.

Apenas pudo escuchar nada con el ruido de fondo. Apareció Sandra en la pantalla, junto a dos copas de algo, que parecía ser unos mojitos.

— ¡Hola Sofía! —dice Sandra mientras le da su bebida a Lara.

—Hola chicas. Ya veo que os lo estáis pasando bien en mi ausencia. Ya he llegado, por si os interesa saberlo.

— ¡Claro que nos interesa! —gritan las dos a la vez. Sofía no puede resistirse más y suelta una carcajada.

—Me encanta la zona en la que me han buscado el piso. Cerca hay una cafetería. Fui a tomarme un café y se sentó un tío conmigo.

Las chicas se quedaron calladas y apagaron la música.

— ¿Cómo es eso de que un tío se ha sentado contigo? —La cotilla de Sandra ya empezaba el interrogatorio.

—Sí, yo estaba tan tranquila y se ha sentado conmigo.

— ¿Y tú que has hecho? —Sandra le pregunta, aunque se imagina lo que puede haber hecho, ya que la conoce demasiado bien y no le gusta cuando los hombres se le acercan.

— ¿Pues qué voy a hacer? Tomarme el café con él.

— ¿Perdona? ¿Me vas a decir que te has tomado el café con él y no le has montado ningún escándalo? —Le pregunta Sandra sorprendida.

—Estaba bueno, ¿verdad? —Lara siempre dando en el clavo.

—Sí. Y mulato. —Las dos amigas suspiraron sorprendidas—. Sí. Aunque parezca raro en mí, me fijé en él y no veáis que espécimen de hombre.

Soltaron una carcajada las tres a la vez y siguieron hablando unos minutos más. Al final se despidieron hasta otro día.

***

Ethan se levantó de la mesa y se fue, prometiéndose que volvería a verla, y tanto que sí. Lo de hoy había estado muy bien, charlaron durante casi una hora. Era realmente guapa, su plan, no iba a ser tan difícil como había previsto. Cada día, a la salida del trabajo, vendría a tomar un té con ella. Charlarían de temas triviales, se harían amigos… con un poco de suerte amantes, y conseguiría todo lo que necesitaba.

5

Una semana después de su llegada a Londres, poco a poco se había acostumbrado a su nuevo entorno de trabajo. Pasaba gran parte del día en la oficina poniéndose al día con las campañas que estaban en activo. Investigando a futuros clientes, realizando reuniones para idear un plan y así poder llamar la atención de nuevos clientes y afianzar a los dudosos como *Butler & Wilson*.

Propuso un cambio en la decoración de la recepción del edificio. Necesitaban un gran *lavado de cara*.

Cada tarde, después de las largas horas en la oficina, se dirigía a la misma cafetería que había entrado aquella primera tarde, dónde se encontraba casi cada día al mismo hombre. Día a día, se sentaba en la mesa con ella, tomaba su café e intentaba que Sofía aceptara una cita. Cosa que no estaba consiguiendo, una cita no entraba en sus planes. Aunque eso no quería decir que no le gustasen aquellas atenciones y recrearse la vista con él, porque estaba de muy buen ver.

Aun después de una semana tomando café con él, se sorprendía la atracción que sentía por él. Si su madre la viera hablando con alguien de origen africano, le daría un infarto. Ella era muy clásica para las parejas inter raciales. Siempre le ha intentado inculcar sus pensamientos, aunque Sofía ha tenido amigos de otras nacionalidades. Aunque se habían quedado en eso, amigos.

Y hoy, como cada día, mientras Sofía se tomaba el café y su porción de tarta, Ethan aparecía por la puerta. Se sentó como todos aquellos días compartiendo la mesa con ella y pidió lo mismo que cada día: té con leche. Cuando sus miradas se cruzaron, Sofía olvidó todo lo demás.

Se comían uno al otro con los ojos y, si accidentalmente se rozaban las piernas por debajo de la mesa, saltaban chispas.

—No puede ser tan malo tener una cita conmigo, ¿no? Vamos a cenar, después nos tomamos una copa y ya está. ¿No crees?

—Ufff... ¿Otra vez con lo mismo? —dijo mientras sonreía. Sofía sabía que si seguía insistiendo un poco más al final cedería.

—Es que me gustas mucho. Quiero que me des una oportunidad para mostrarte que, aunque esté tan bueno, soy muy buena persona. —dijo Ethan con una sonrisa socarrona.

— ¿Perdona? Menudo vanidoso que estás hecho. ¿Si te digo que sí me dejarás tranquila?

Sofía no podía creer lo que acababa de decir. Las palabras salieron de su boca sin poder contenerlas.

—Nena, cuando tengas una cita conmigo querrás muchas más. Mañana por la noche te recojo a las ocho aquí. No llegues tarde. —Ethan se levantó, le dio un beso en la mejilla y salió disparado hacia la salida sin darle tiempo a Sofía a cambiar de opinión.

Ni siquiera había aceptado la cita y ya se había largado. Aunque debía confesar que estaba deseando tener una cita con él, para averiguar si realmente parecía ser todo lo que aparentaba. Como no tenía pensado salir por la noche, durante su estancia en Londres, no había traído ropa, así que no le quedó más remedio que irse de compras.

Caminó un poco y se dirigió a *Oxford Street*, seguro que encontraría algo a su gusto. Ya que iban a tener una cita, que mejor que un vestido de infarto y así cerrarle un poco la bocaza a Ethan.

Desde su llegada a Londres, ésta sería la primera vez que recorriera esta calle. En el momento que sus pies pusieron un pie en ella, quedó maravillada. Durante toda la tarde, recorrió los comercios que se encontraban en ella, por el simple placer de descubrir todo lo que había en ello. Cuando llegó a la mitad de su extensión, en un escaparate, vio un modelito perfecto para la ocasión. Entró a probárselo y se lo llevó.

No sabía el motivo, pero estaba nerviosa por la cita. No conocía a ese hombre, pero lo poco que había dejado entrever, en el día a día, la tenía intrigada… y desde luego era muy atractivo. Le gustó que no se dejara amedrentar por sus evasivas y sus malas caras, ella era una mujer muy difícil de tratar y él había aceptado el reto gustoso.

Estaba nerviosa y a la vez ansiosa por verlo de nuevo. Y aunque no quería reconocérselo a sí misma durante todas las mañanas, se había encontrado preguntándose si por la tarde se volvería a sentar enfrente de ella e intentaría entablar una conversación. Si aquella cita, de verdad, iba a tener lugar.

Pasó todo el día hecha un manojo de nervios. No podía dejar de pensar en la noche y en lo que ocurriría. Una vez terminada la jornada laboral se fue directa a su apartamento para cambiarse. Se dio un buen baño de sales, se puso una mascarilla, se pintó las uñas y se secó el pelo. Y se maquilló muy natural.

Se puso el vestido nuevo y se situó frente al espejo y observó el resultado. Le encantaba el vestido y le sentaba genial. Era color negro atado al cuello, con escote de pico y una falda bastante suelta que le llegaba por encima de las rodillas.

Justo debajo del pecho llevaba un aplique con unas piedrecitas plateadas. Decidió conjuntarlo con unos tacones y un bolso del mismo color. Y ya para terminar se echó unas gotitas de perfume en el cuello. Ahora, ya se sentía lista para salir. Por lo que salió del apartamento y se dirigió hacia la cafetería.

Ethan lo tenía todo planeado. La recogería a las ocho e irían a cenar a su restaurante favorito. Después, a tomar una copa en un local cercano del que le habían hablado. Necesitaba que fuese la cita perfecta para que siguieran viéndose.

Le había costado bastante llegar, al punto en el que se encontraban, Sofía era un hueso duro de roer. Apenas le había hecho mucho caso durante todas las ocasionas que se había sentado frente a ella y se tomaban la bebida juntos. Los primeros días apenas habló nada, pero poco a poco se fue soltando y aunque no hablaron de nada serio, si no de cosas triviales, había conseguido que hablara y eso es lo que importaba.

Se encontró preguntándose qué modelito elegiría ella para la cita. Si sería formal o llevaría alguna prenda que le hiciera verse sexy. Porque tenía que reconocerlo, llevase lo que llevase, Sofía estaba buenísima.

Tenía unos ojazos azules preciosos, una melena larga y castaña y un cuerpazo de infarto. Se preguntó si la cosa llegaría a más. No es algo que fuese buscando, pero si venía dentro del paquete de ganarse su confianza, no lo rechazaría. Sabía que podían pasarlo muy bien juntos.

Llegó al lugar donde había quedado, solo esperaba que acudiera a la cita. Consultó la hora en su teléfono móvil y cuando levantó la vista, no podía creerse lo que estaba viendo. Frente a él acababa de aparecer una diosa. Estaba en la calle de enfrente, parada en el semáforo, esperando para cruzar.

Su vestido realzaba su increíble figura. Cuando se deslizaba por el pavimento, porque otro nombre no tenía su forma de caminar, el vestido se movía revelando sus piernas esbeltas. No pudo dejar de comérsela con los ojos, incluso cuando llegó a su lado.

Él se encontraba allí. Ahí estaba, en la puerta de la cafetería esperándola, increíblemente atractivo. Su traje había desaparecido y llevaba unos vaqueros negros un poco ceñidos con una camisa de color rosa pastel, que resaltaba el tono tostado de su piel y los músculos que se intuían bajo la tela.

Desde el momento en que Ethan la vio, no pudo quitarle los ojos de encima. Empezó por los pies y fue subiendo. Una vez que llegó a su rostro volvió a bajar hasta el escote. Sofía se sentía como si fuese a ser devorada. Aunque ella no se quedó atrás.

—Hola. —Se dieron un beso en la mejilla, a unos milímetros de la comisura de sus labios. Y permanecieron unos segundos así.

—Hola. He reservado una mesa en *Luigi's*. Es un restaurante italiano cerca de *Oxford Circus*. Espero que te guste la comida italiana.

—Me encanta. —respondió Sofía con una sonrisa.

—Genial. Cojamos un taxi. —Le agarró la mano y se dirigieron a la parada y tomaron uno.

Realizaron el trayecto en silencio, cada uno mirando la ciudad por sus respectivas ventanillas. Al bajarse del taxi, Sofía quedó frente a una fachada totalmente negra, en el que resaltaba unos toldos de color rojo encima de la puerta y ventanales. Entraron y se encontraron al *maître*, que tuvo una breve conversación con Ethan antes de conducirla a su mesa.

La decoración del restaurante era clásica. Las mesas eran negras, con manteles a cuadros blancos y rojos. Las pareces tenían muchos cuadros colgados, y utensilios rudimentarios, para hacer pasta fresca. Había bastantes mesas ocupadas, pero les acompañaron hasta el final del local, donde la luz era más tenue y las mesas estaban más separadas entre sí.

—Pues bueno, aquí estamos. Espero que hables un poco más que en la cafetería por qué es un poco aburrido hablar solo. —dijo Ethan mientras colocaba el brazo sobre el respaldo de su silla.

—Eso pasa cuando te sientas en una mesa sin ser invitado. —Se encogió de hombros mientras cogía la carta y se centraba en estudiar los platos.

Sofía intentó no mirarle a los ojos, ya que cada vez que lo hacía se olvidaba de dónde estaba. Decidió que tomaría una ensalada de rúcula con mozzarella. Ethan todavía no había abierto su carta, cuando se acercó a ella y le susurró al oído:

—Nena, ya te dije que no podía dejar pasar la oportunidad de conocerte.

Ethan le sonrió y ella se derritió por dentro. Cuando sonreía estaba más atractivo aún. Pidieron la cena una vez llegó el camarero. Decidieron pedir dos pizzas y compartirlas, mientras las hacían, tomaron la ensalada de aperitivo.

Pocos minutos después, les trajeron la ensalada que parecía muy apetitosa, y enseguida le hincaron el tenedor. Mientras pinchaban en la ensalada se echaban miraditas, pero ninguno de los dos entablaba conversación. Sofía se sentía a gusto con él, pero a la vez, no quería intimar demasiado.

—Bueno, creo que ya es hora de que empecemos a hablar, ¿no? —Cuando dijo esto, Sofía estaba llevándose un trozo de mozzarella a la boca. Ethan se quedó mirando el gesto y se le secó la garganta.

—Sí. No estaría mal. —dijo Sofía una vez que Ethan dejó de mirarla con deseo.

—Cuéntame algo de España. No conozco muchas cosas de allí. Ya veo que las chicas son guapas. —La comisura de los labios de Ethan se levantó en una socarrona sonrisa y ella se derritió—. Pero en cuanto a la gastronomía, por ejemplo, ¿hay mucha diferencia?

Sofía se le quedó mirando mientras sonreía. Le hizo acordarse de su casa y de su familia. Esa tarde había hablado con su madre y la notó un poco triste, pero al saber que estaba bien en Londres y que se estaba acostumbrando a la ciudad, se animó un poco. Por supuesto, no le contó en ningún momento que se había echado un amigo mulato.

—La verdad es que hay diferencias. La comida, las casas, las ciudades… todo. Sobre todo el tiempo. Aquí siempre está nublado, cuando allí hace un sol increíble.

La conversación fluyó. Hablaron de temas muy dispares, mientras se rozaban, sin querer, por encima de la mesa. Sin darse cuenta se terminaron la ensalada y el plato siguiente ya estaba en camino. Dejaron las pizzas entre ellos y mientras. Sofía miraba e intentaba decidir cuál iba a probar antes, Ethan la miraba a ella, como si fuese su siguiente plato. Ella al girar la cara para preguntarle por dónde quería empezar, se quedó muda. La mirada de Ethan le provocó un hormigueo por todo el cuerpo.

—Empieza tú. Dime cuál quieres y te sirvo. —Sofía aún no había decidido, así que se encogió de hombros.

Ethan tomó una porción de la pizza que tenía más cerca y la depositó en el plato de Sofía.

— ¿Me permites? —Sofía no sabía muy bien a qué se refería. Hasta que pinchó un pedazo con el tenedor y se lo acercó a la boca.

Sofía le miró a los ojos y se acercó, poco a poco, al tenedor. Abrió la boca y con suavidad agarró lo que había pinchado. Gimió al notar el sabor delicioso, e Ethan también lo hizo al escucharla. Se había quedado con el tenedor en el aire y la mirada llena de deseo. El camarero carraspeó para llenarles las copas de vino. Volvieron a la normalidad y terminaron de cenar.

Ethan no se quería ir a casa todavía. Se lo estaba pasando muy bien y disfrutaba seduciendo a Sofía. Se levantó para ir al baño y de paso pagar la cuenta.

Sofía decidió mandar un mensaje al grupo de whatsapp que tenía con las chicas, con motivo de la cita. Para así poder informarles de cómo estaban yendo las cosas.

"Chicas se acaba de ir al baño y estoy sola. No sabéis lo sexy que está"

"Hazle una foto para que podamos verlo"

"¡Sí! Yo también quiero ver a ese hombretón."

Sofía seguía mandando mensajes cuando llegó Ethan. Intentó cerrar el whatsapp, pero no le dio tiempo antes de que sonara otro mensaje. Ethan le echó una mirada, haciéndola saber que sabía que hablaba de él. Ella, por otro lado, estaba nerviosa, porque quería hacerle la foto sin que se diera cuenta, pero lo veía difícil. Al final disimuló un poco y consiguió hacerla y enviarla enseguida. Después puso el teléfono en silencio, para que las dos locas no la molestaran.

Ethan seguía mirándola, como esperando algo. Entonces se acordó de la pregunta que le había hecho antes de ir al servicio y le contestó:

—Claro, sería genial. —respondió mientras le dedicaba su mejor sonrisa.

Caminaron un par de manzanas y se adentraron en una callejuela. Tras unos cuantos pasos encontraron la entrada del local. El buen rollo del local se notaba en el ambiente, en la concurrencia de gente que se habían encontrado por el camino.

—Espero que te guste la música que ponen. —dijo Ethan antes de entrar.

Desde el exterior no se percibía ningún tipo de música, pero desde el momento en que abrieron la puerta su ritmo les envolvió. El local no era demasiado grande, pero contaba con una buena pista de baile y diversas mesas alrededor. No estaba demasiado lleno y pudieron abrirse camino sin empujones. Se sentaron en una mesa cerca de la pista de baile y pidieron unas copas.

Justo después, Sofía aprovechó para mirar a su alrededor. Las pareces estaban pintadas de un color gris metalizado, que brillaba con las luces de colores, que se proyectaban desde los diferentes focos que había en el techo; haciéndola parecer más espaciosa. A parte de focos, en el techo había bolas de cristales, que repartía luces por toda la pista de baile.

La pista de baile no era muy grande, pero estaba situada en el centro. Justo alrededor estaban las mesas, separadas por una barandilla de madera. Para que la gente, que estaba bailando, no empujara a quién estuviera sentado.

Las mesas y sillas eran de metal, pintadas de negro. La barra, que estaba al fondo, era totalmente de color negro, destacando sobre el fondo gris metálico. En las pareces, no había demasiada decoración, tan solo algunos espejos con diferentes marcos.

La música que sonaba, era latina. Durante su escrutinio al local, sonaron canciones como salsa, merengue, reggaetón... música que solo escuchaba cuando estaba sola en casa y que le traía muchos recuerdos..

— ¡Este sitio es genial! —Sofía estaba entusiasmada, le encantaba la salsa y merengue.

—Sabía que te gustaría. —Ethan agarrando su mano por encima de la mesa.

La camarera se les acercó para servirles las copas, pero su mirada no podía apartarse de Ethan, sin parar de mirarle. Sofía empezó a sentirse un poco incómoda, por lo que se dedicó a mirar la pista de baile. Cuando la muchacha se cansó de estar en su mesa sin que le hicieran caso, se marchó a la barra, pero entre ellos ya se había hecho un silencio incómodo.

Empezó a sonar *Shoot me down* de David Guetta y Sofía siguió el ritmo con el pie. Ethan al verla tan animada decidió arrastrarla a la pista de baile.

— ¡Venga, bailemos!

La cogió de la mano, prácticamente la levantó de golpe. Se adentraron en la pista de baile, la acercó hacia él y la sujetó por la espalda.

Cuando sus cuerpos se tocaron, Sofía subió la cabeza para mirarle a los ojos y se detuvo en sus labios. Se imaginó como sería besarlos, que sentiría y sin ser consciente humedeció los suyos.

Ethan, no se había perdido ni un instante de ese movimiento, empezó a moverse al ritmo de la música, si pensaba mucho en lo que acababa de hacer ella, echaría su plan a perder. Poco a poco la temperatura entre ellos iba subiendo por el continuo contacto de sus cuerpos.

Ethan no podía dejar de mirarle los labios. Intentaba controlarse, pero se lo estaba poniendo muy difícil, estaba increíblemente sexy cada vez que se los humedecía. Tras observar como lo hacía por cuarta vez, no pudo resistirse y decidió hacerlo él. Se aproximó lentamente, dándole así la oportunidad de apartarse.

Rozó sus labios con la punta de la lengua. Primero el inferior y después el superior e intentó recobrar el aliento. Sofía quería que volviera a hacerlo. Había sido increíble, sentir como le acariciaba con su lengua. Hacía unos segundos que habían dejado de bailar pero ninguno de los dos se dio cuenta. Simplemente se miraban el uno al otro, hasta que Ethan no pudo aguantar más y juntó sus labios con los de Sofía.

Primero los acarició con los suyos y después empezó a entreabrirlos muy suavemente. Cuando Sofía se dejó llevar y abrió los suyos no pudo evitar introducirle la lengua, necesitando profundizar el beso.

Sofía, que hasta ese momento había tenido las manos apoyadas en los brazos de Ethan, los desplazó lentamente hacia su nuca a medida que aumentaba la intensidad del beso. Lo que había empezado con un beso suave, aumentó con rapidez de intensidad, hasta que Ethan tuvo que apartarse. Cierta parte de su anatomía estaba cobrando vida.

—Me encantaría seguir, pero no es el lugar apropiado para ello. —Le susurró con voz ronca al oído.

Sofía fue consciente de cómo le había afectado el beso de Ethan y se riñó a sí misma. Ella no se dejaba llevar tan fácilmente por la pasión.

—Será mejor que me vaya a casa.

Rompió el contacto. Se dirigió a la mesa a recoger sus pertenencias. Y después echó a caminar hacia la puerta. Ethan dejó veinte libras sobre la mesa y salió en su búsqueda.

— ¡Espera! —Dijo agarrándola del brazo—. No te vayas así *nena*, déjame que te acompañe a casa.

—Está bien. —Sofía aceptó porque no le gustaba la idea de recorrer las calles sola, aun no conocía muy bien la ciudad.

Tomaron un taxi y Sofía le indicó la dirección de su apartamento. Estaba avergonzada de su comportamiento anterior. Siempre había sido una persona muy recta, apenas había besado a ningún chico en público y menos con esa intensidad.

— ¿Por qué estás tan callada? —dijo Ethan mientras volteaba en el asiento para mirarla.

—Por nada. —Sofía no tenía ninguna intención de contarle a Ethan como se sentía.

—Por algo será, ¿no? ¿Te ha molestado lo de antes? —Ethan estiró la mano y le acarició el pelo mientras le hablaba.

—No. Sí. No. No sé. —Balbuceó mientras se encogía de hombros.

—Jajaja. Aclárate, *nena*. —dijo mientras se acercaba un poco más.

—Ufff… Deja de llamarme así. —Se giró y le miró con mala cara.

—Así como, *nena*.

Sofía se giró por completo para responderle y él aprovechó la oportunidad para volverla a besar. Pero esta vez no fue nada suave. Invadió su boca cuando sus labios se tocaron, provocándole un gemido de placer.

Ethan no podía contener sus manos, en un momento las tenía en las rodillas de Sofía, al otro en el cuello. Las fue bajando poco a poco hasta llegar a su pecho. Y atrevido, empezó a masajearlo lentamente.

Al sentir su contacto Sofía no pudo evitar arquearse y echar la cabeza hacia atrás, e Ethan siguió besuqueando su cuello. Dejó una mano en un pecho y deslizo la otra hacia abajo hasta que llegó otra vez a la rodilla.

Sofía no quería que Ethan dejara de besarla. Tenía los dedos en su nuca y no hacía más que atraerlo hacia ella. Bajó una mano por su pecho para poder sentir sus musculosos pectorales. Metió los dedos por el triángulo de pecho desnudo que dejaba al descubierto el cuello de su camisa, pero necesitaba más. Notaba como la mano de Ethan iba subiendo por su pierna muy suavemente bajo la suave tela del vestido hasta que llegó a tocar la tela de su ropa interior. Y sin poder evitarlo, un nuevo gemido volvió a escapar de sus labios.

Aunque ella no se quedó atrás, su mano se desplazó a través de la pierna de Ethan y subió poco a poco, hasta llegar a su miembro, que estaba cobrando vida. De repente el vehículo se detuvo y el taxista carraspeó.

—Hemos llegado.

Sofía se apartó al instante. Colocó bien su ropa, recogió el bolso y se dispuso a pagar la carrera pero Ethan no se lo permitió.

—Nos vemos el lunes en la cafetería. —Y la besó de nuevo antes de que consiguiera bajar del coche.

Sofía aún se encontraba aturdida cuando entró en su apartamento. Bueno, aturdida y muy excitada. Todavía no podía creer que se hubiera comportado de esa forma en un sitio público. Que se hubieran besado de esa forma tan salvaje. Nunca la habían besado así. *¡Y mucho menos en un taxi!* Ningún hombre había conseguido que se dejara llevar como lo había hecho con él.

Se dio una ducha fría para intentar extinguir el fuego que se había encendido en su interior. Después de un buen rato debajo del agua, se puso el pijama y se fue directa a la cama a dormir. Pero le fue difícil hacerlo.

Al final, cansada de dar vueltas, decidió levantarse a por el móvil. Al ponerlo en silencio durante la cena, no había escuchado los tropecientos mensajes que habían enviado sus amigas. Primero se quejaron por la mala calidad de la foto, para acto seguido decirle lo increíblemente sexy que era Ethan.

Ethan no tardó mucho en llegar a casa, su apartamento no estaba muy lejos del de Sofía. Durante todo el trayecto se fue reprendiendo por no haber subido al apartamento de Sofía, hubiera sido un gran paso para su plan. Aunque para que iba a engañarse, quería subir porque no había pensado en otra cosa desde que la había visto con ese vestido. Podrían haber terminado lo que habían empezado y no tendría que dormir con esta calentura.

6

El lunes llegó, y con él, una jornada laboral demasiado intensa para Sofía. Las mismas horas de siempre, pero le estaba pareciendo el doble de largo, solo quería que llegara el momento de ir a la cafetería. Aunque no estaba muy segura de su reacción al ver a Ethan. Si se comportaría como si nada hubiera ocurrido entre ellos, o si por el contrario, insistiría en volverla a ver.

No había podido pensar en otra cosa durante todo el fin de semana. Se había llevado algo de trabajo para ponerse al día y no había podido concentrarse. Al final desistió y decidió visitar algunos de los lugares que sus amigas le había recomendado. Sus pasos la llevaron al barrio *Mayfair*, cerca de su apartamento.

Se echó al hombro la bolsa del trabajo y se dispuso a caminar. Y se quedó maravillada del estilo arquitectónico del barrio, aquellas líneas clásicas que denotaban prestigio. Caminó por sus calles hasta *Bekerley Square Garden* donde se sentó a la sombra de un árbol y extrajo los documentos de su bolsa. Le encantaba la tranquilidad que se respiraba en aquel pequeño parque y rápidamente consiguió abstraerse de todo. Comió un sándwich que había preparado en casa y tras una tarde fructuosa de trabajo puso rumbo al apartamento de nuevo.

Al día siguiente apareció por la oficina a una hora muy temprana con un café de *Starbucks* en la mano.

—Stacy consígueme todo lo que puedas sobre las campañas anteriores de los joyeros *Butler & Wilson*.

—En seguida Sofía. —La secretaria se dispuso a teclear al instante.

Entró en su despacho y se situó detrás de su escritorio. Para poder idear una buena campaña para los joyeros primero debería saber cómo habían sido las campañas anteriores para ofrecerles algo novedoso. Esa misma tarde reuniría a todo el equipo para exponer sus ideas. Tenía por delante un largo día.

A las tres de la tarde. Todo el equipo se encontraba reunido. Malcom y Christine se encargaban de realizar los primeros bocetos de los carteles publicitarios. Justin y Patrick digitalizaban los posibles carteles y, entre ellos cinco, buscaban las mejores ideas.

—Bueno chicos, como ya sabéis debemos buscar ideas para la nueva campaña. Llevo todo el día empapándome de campañas anteriores y hay algo que predomina en todas ellas; la exquisitez de sus joyas. Al mirar todos los anuncios hay una idea que me viene a la cabeza y es el posible elevado precio de sus joyas; por lo que solo atrae a un grupo de gente selecto, con soltura económica, pero lo que creo que deberíamos hacer con esta campaña es acercarnos a más público. Solo debemos descubrir cómo hacer eso.

—Podríamos cambiar el entorno, quizás cambiar el escenario del fondo. —comentó Christine.

—Yo buscaría la imagen de personas corrientes, como tú y yo. —dijo Justin.

—En situaciones cotidianas pero luciendo joyas. —expuso Patrick.

— ¿Cotidianas? ¿Cómo fregar? —preguntó Malcom.

—Bueno, quizás no tan cotidianas. —contestó Patrick.

— ¿Ir a recoger a los niños?

—O limpiar.

—Pasear.

—Trabajar.

Cada uno exponía sus ideas, a veces de uno en uno, otras todos a la vez, pero poco a poco entre todos se iba formando una idea.

—Se me está ocurriendo algo con lo que habéis ido comentando. Me imagino a una mujer de unos treinta y algo de años. Con un nivel de vida medio y una niña de unos cuatro años.

"En la primera escena saldría dándole el desayuno a su hija cuando de repente comprueba la hora que es. Ahí el primer plano de un reloj. En la segunda escena, encontraríamos a la misma mujer en una oficina escribiendo a ordenador. Se apreciaría un brillo en las manos. Enfocaríamos y sería un primer plano de su anillo. Por último aparecería arreglada para salir a cenar y luciría una preciosa gargantilla. Abajo podríamos leer el eslogan de "*Butler & Wilson en todos los hogares*".

—Es una gran idea. —Comentaron todos a la vez.

La reunión siguió un tiempo más en el que se ultimaron otros detalles. Se dibujarían unos carteles publicitarios, se podría grabar una prueba, por lo que se debían perfilar las escenas. Tenían un duro trabajo que hacer.

Cuando terminó la reunión alrededor de las cinco y media, era demasiado tarde para tomar café, así que, Sofía se fue directa a casa. Le apetecía ver a Ethan, pero al no haber quedado, no estaba segura si él estaría esperándola.

Tendrían la oportunidad de verse los días siguientes, ya que ella, realizaba su parada obligatoria en la cafetería.

De hecho, no se encontraron en toda la semana. Sofía siguió visitando la cafetería religiosamente cada día después del trabajo. A veces leía una novela, otras el periódico, pero siempre esperaba ansiosa a que apareciera él. Pero nunca lo hizo.

Una de las tardes que pasó a solas en la cafetería, no pudo concentrarse en la lectura. Cuando se dio cuenta estaba pensando en él. Le echaba de menos, su conversación, su forma de irritarla, de excitarla con el más mínimo roce.

Había hablado con su madre hacía pocas horas. Le había contado todas las novedades de la semana. El estrés en el trabajo, los cambios en recepción, el nuevo equipo que tenía como compañeros... etc. Pero omitió el detalle de que se estaba viendo con un chico mulato.

***

Después de la primera cita y del beso, Ethan se ausentaría unos días de la cafetería. Al haber besado a Sofía, y mostrado cuánto la desea, había encendido un pequeño fuego en ella. Pero no lo apagaría, de momento. Dejaría que ese fuego se hiciera más y más grande, hasta que ya estuviera a punto de quemarse. Entonces haría una aparición milagrosa y se aseguraría, de en esa ocasión, subir al apartamento de Sofía y apagaría el fuego que él había azuzado.

Le haría esperar. Aún no tenía claro cuánto tiempo, hasta que él no aguantara más. Después la haría suya y ya no querría separarse de él.

7

El lunes su equipo había terminado de esbozar la campaña que estaban diseñando, por lo que Sofía iba a reunirse para empezar con las negociaciones. Había estado trabajando duro para poder cerrar el acuerdo. Iba enseñarles el boceto del anuncio que habían grabado.

Sofía había entablado amistad con Stacy, su secretaria. Salían todos los días juntas a comer y el fin de semana salieron por la noche a tomar unas copas. Ninguna de las dos tenía pareja, por lo que invitaron a unas amigas de Stacy y decidieron pasárselo bien.

Esa tarde, estaban en la cafetería tomando su café diario después del trabajo.

—Bueno, hoy hace una semana que no le ves, ¿verdad? —preguntó Stacy.

—Sí. —respondió centrándose en su taza.

— ¿Crees que lo volverás a ver?

—No sé, ya me da un poco igual. —respondió mientras movía ausentemente el negro brebaje con la cuchara.

—Sí, claro. —Dijo Stacy con ironía—. Por eso estamos aquí y no en cualquier otra cafetería…

— ¡Oye!...

No siguió hablando por qué sabía que tenía razón. Quería verle. Se moría de ganas de verle. Únicamente habían compartido unos besos, pero habían sido los mejores besos que le habían dado en mucho tiempo. Hacía demasiado tiempo que no sentía nada igual. Se lo quitó de la cabeza porque cada vez que pensaba en él y en el beso, empezaba a subirle la temperatura corporal.

***

Ethan había tenido una semana horrible. Diariamente se reunía con su equipo para exponer ideas para la campaña, pero no se les ocurría nada decente y no hacían más que presionarle desde arriba. Por otro lado, no había tenido ninguna cita en toda la semana y se sentía a punto de estallar, no se había sentido con ánimos, algo extraño.

Le quedaban todavía unas horas de trabajo, pero decidió salir para tomar un café. Se sentía saturado y necesitaba airearse. Comprobó la hora antes de salir del edificio y se dio cuenta de que era tarde para encontrarse con Sofía, pero igualmente se dirigió a la cafetería donde se veían todas las tardes, el servicio era mucho mejor.

Al agarrar el picaporte para entrar, a lo lejos, vio a Sofía sentada junto a una chica. Su acompañante estaba hablando animadamente, mientras que ella tenía la mirada perdida. Entró y decidió poner en marcha la segunda parte del plan.

—Hola. —dijo cuando llegó a su mesa donde estaban las dos muchachas.

Sofía se quedó sorprendida al escuchar la voz de Ethan. Levantó la vista y su mundo se detuvo por unos instantes, de verdad pensaba que no volvería a verlo.

—Cuanto tiempo sin vernos. —Prosiguió cuando ella no dijo nada—. Perdona que no apareciera el otro día ni durante toda la semana, pero tuve que salir urgentemente en un viaje de negocios.

—No pasa nada. —Se encogió de hombros—. No teníamos ninguna cita.

—Ya, pero te dije que vendría. Seguro que estuviste esperando. —Ethan no le quitaba los ojos de encima.

—Yo mejor me voy. Sofía nos vemos en la oficina— Y acercándose para susurrarle al oído Sarah le dijo—: Yo te cubro.

Cuando Stacy se marchó Ethan ocupó su lugar. Se miraron durante unos minutos sin decirse nada hasta que llegó una camarera a tomarle nota a él.

—Me hubiera gustado avisarte de que no iba a venir, pero no nos intercambiamos los teléfonos. ¿Puedo compensártelo de alguna forma?

Al decir esto último, le miró con una expresión que prometía mucho. A Sofía le empezó a subir la temperatura mientras Ethan le dedicaba una prometedora mirada tan pícara.

—Supongo que podrías…—dijo poniendo cara de niña buena—. Invitarme a cenar mañana por la noche.

Sí, el plan de Ethan estaba en su mejor momento. Esa noche la llevaría a cenar y luego a su casa.

Tendría a Sofía donde él quería.

***

Acordaron verse en la puerta de la cafetería como la vez anterior. Sofía había escogido un *look* informal. Después de probarse muchos modelitos optó por unos vaqueros negros de pitillo, una camiseta roja de manga corta, estrecha y con un escote redondo y unos zapatos de tacón del mismo tono que la camiseta. Se había alisado el pelo y recogido en una cola, y para terminar se maquilló muy ligeramente.

Cuando llegó, Ethan ya la estaba esperando. Con solo mirarlo, ya le había subido la temperatura corporal y es que, se había vestido para provocarla. Lucía unos vaqueros desgastados ajustados, camiseta azul de manga corta y un chaleco negro encima. Desde lejos, podía notar el perfil de sus músculos y según avanzaba, su respiración se aceleraba a la vez que sus pasos se volvían cada vez más lentos. Si había conseguido llevarla a ese estado con solo fijarse en la ropa que llevaba, no quería ni pensar que podría hacer con una caricia.

Ethan decidió llevarla a cenar a un establecimiento que había bastante cerca de su apartamento y donde se comía muy bien. El trayecto en el taxi lo hicieron en silencio, los dos recordando la última vez que tomaron uno.

Al llegar se encontraron frente a una fachada preciosa. El restaurante estaba situado en la parte baja de una finca blanca, con los ribetes de las ventanas azul cielo. Tenía una entrada de lujo, con adornos dorados en la puerta. Entraron, al decirle el nombre de la reserva al maître, les acompañaron a su mesa.

La decoración interior era muy romántica. Paredes blancas, adornados con cuadros con escenas románticas. Las mesas, estaban muy separadas entre sí. Al lado de cada una, había un pie con una cubitera de metal y dentro diferentes botellas.

Ethan la guio para que caminara ella primero situándole una mano al final de la espalda. Ese simple contacto hizo que a Sofía le recorriera un escalofrío por todo el cuerpo. A Ethan le encantó su reacción.

Al llegar a su mesa, tomaron asiento uno frente al otro y el camarero les dejó la carta. Estuvieron varios minutos callados, leyendo la carta y decidiendo qué iban a cenar.

Sofía estaba bastante nerviosa y no quería comer demasiado. Bueno, no creía que pudiera tomar un solo bocado. Al final se decantaron por unas ensaladas y varios canapés.

—Perdona por lo del otro día. —Se disculpó de nuevo Ethan.

—Ya te dije que no pasa nada.

—Espero que no te hayas enfadado conmigo. —dijo Ethan poniendo cara de niño bueno.

—Si lo hubiera hecho no estaría aquí, ¿no crees?

—Cierto.

Trajeron los platos que habían pedido. Mientras daban cuenta de ellos fueron charlando de trivialidades. Cada vez acercándose más a terrenos más íntimos y personales.

— ¿De qué trabajas? —preguntó finalmente Sofía.

—En telecomunicaciones. ¿Y tú?

—Publicidad. —dijo mientras ponía cara de aburrida.

— ¡Ah! Y dime ¿Algún novio esperándote en España? —preguntó para cambiar de tema, aunque le interesaba saberlo.

—Jajaja ¿Tu qué crees? —Se sujetó la barbilla con la mano esperando la respuesta.

— ¿Yo? —Se señaló—. Yo no creo nada.

—Si lo tuviera, no te habría dejado besarme el otro día. —En ese instante le miró y cuando sus miradas se entrelazaron recordaron el increíble beso que habían compartido.

—Espero que esta noche me dejes hacerlo de nuevo. —Al decir esto, tomó la mano de Sofía y la besó, mientras la miraba a los ojos, con una promesa impresa en su mirada.

Pero par consternación de Ethan, un camarero acudió a la mesa a recoger los platos vacíos. Les dejaron las cartas de postres y una vez pedidos, Ethan se volvió a colocar como antes. Intentando recuperar la intimidad perdida. Quería tenerla cerca de él.

—No sé qué pasa pero siempre nos interrumpen en el momento más oportuno. — Sofía le dedicó una sonrisa.

Al terminar la cena decidieron pasear un poco por los alrededores. Encontraron un parque y se adentraron en él. Caminaban uno junto al otro muy despacito. El parque poco iluminado debido a las pocas farolas. Descartaron sentarse en el césped, una zona que estaba muy oscura.

Al llegar a un pequeño lago se sentaron en el banco que había enfrente. Había refrescado bastante mientras cenaban y Sofía lo empezaba a notar, por lo que Ethan le paso un brazo por los hombros, claro que aprovechó para acércasela un poco más.

Sofía volvió su cara y se miraron a los ojos. Los dos estaban deseando besarse pero ninguno se atrevía a dar el primer paso. Se humedeció los labios mientas observaba los de Ethan y eso fue su perdición. Ethan se acercó sin pensarlo. La atrajo hacia sí mientras le abría la boca con sus labios. Exploró su boca con la lengua buscando la de ella. Cuando se encontraron gimieron a la vez.

Sofía se había agarrado a su camiseta y mientras más se besaban más tiraba de la camiseta hacia ella hasta que no hubo ningún espacio entre ellos. Sentía las manos de él por todo el cuerpo, desde los hombros hasta las piernas pasando por su cintura. Ethan la sentó encima de su regazo sin perder contacto con su boca en ningún momento.

Dejó un reguero de besos por su cuello, al principio suaves, pero luego empezó a mordisquear; eso fue la perdición de Sofía. Echó la cabeza hacia atrás y se dejó hacer.

Al darse cuenta de ello Ethan fue bajando hacia sus pechos, primero besando, lo que dejaba a la vista la camiseta, después mordisqueando. Fue subiendo la mano que tenía situada en su rodilla hasta el interior del muslo. Sofía no podía dejar de gemir mientras las manos y los labios de Ethan estaban por todo su cuerpo. Pero ella no se quedó atrás, ya que no hubo ninguna zona que estuviera a su alcance que no hubiera palpado bien.

—Para… —dijo Sofía separándose un poco.

Ethan echó la cabeza atrás y la apoyó en el respaldo del banco. Tenían la respiración muy acelerada y se miraban a los ojos con deseo contenido. Ella abandonó su asiento y se colocó el pelo y la ropa.

—Será mejor que nos vayamos. —dijo Sofía una vez en pie.

— ¿Tú crees que puedo ir a algún lado con esto? —le dijo Ethan señalando su entrepierna.

No pudo evitar mirar, aunque no debería haberlo hecho. Ese bulto que tenía Ethan no era normal, demasiado… grande. Le miró a los ojos mientras se humedecía los labios y vio el deseo en ellos. Así que decidió empezar a caminar, ya que si se volvían a besar y prestaba atención a su necesidad, no se creía capaz de parar.

Cuando estaban a punto de salir del parque Ethan la agarró desde atrás y la abrazó acoplándose a su cuerpo y situando su entrepierna en su trasero, para que se diera cuenta que aún la deseaba.

—Vayamos a mi casa. –le susurró al oído mientras se pegaba más a ella—. Déjame terminar esto.

—No sé si es la mejor idea. —contestó.

—Claro que sí *nena*. Los dos lo queremos, los dos lo necesitamos. —dijo mientras movía las caderas contra ella. Sofía echó la cabeza hacia atrás y la apoyó en el hombro de él, al mismo tiempo que él volvía a mordisquearle el cuello. Si seguían así no pararían. No quería ir a su casa porque no le gustaba dejarse llevar por la pasión, pero lo necesitaba. Nunca había deseado tanto a alguien.

—Para. —Gimió—. No hagas eso. —Volvió a gemir.

—Ven a mi casa *nena*. Déjame apagar el incendio que hay en tu cuerpo. Déjame calmar esa desazón que tienes aquí. —dijo rozando su entrepierna—. Te daré todo lo que necesitas, y más.

La tenía en el bote, después de lo que acababa de decirle no podría resistirse. Se separó de ella, le agarró de la mano y empezó a andar. A tres manzanas del parque se encontraba su apartamento. Pronto llegarían y podrían seguir con lo que había empezado.

La estaba llevando a su apartamento. Sofía sabía que debería soltarse e irse a casa. Pero no podía, no cuando lo deseaba tanto, no cuando se moría por sentirlo dentro.

Al entrar en el ascensor Ethan la empujó contra el espejo situándolo a su espalda. Movió sus manos por todo su cuerpo mientras le besaba el cuello. Al llegar a su planta salieron corriendo y como pudo abrió la puerta, para a continuación, cerrarla con el cuerpo de ella, a la vez que se besaban.

La apoyó en la puerta, le agarró el trasero y ella lo envolvió con sus piernas, de modo que alinearon su deseo y sus partes más sensibles en ese momento. Ethan se movía contra ella mientras le besaba, imitando con su lengua, los movimientos de su pelvis.

Se movieron por la casa hasta llegar al dormitorio, parándose en cada pared que encontraban en el camino.

Se dejaron caer en la cama y Sofía le quitó el chaleco y la camiseta y se sentó a horcajadas encima de él. Ahora era su turno de torturarle. Empezó besándole el cuello, bajando por su pecho hasta llegar al abdomen, para volver a subir. Repitió el recorrido por segunda vez ayudándose con los dientes.

—*Nena.* —dijo él echando la cabeza hacia atrás.

Cuando volvió a llegar al pecho se lanzó a su boca, momento que él aprovechó para darle la vuelta y situarse entre sus piernas. Siguió besándola mientras se deshacía de la camiseta. Cuando consiguió hacerlo, le desabrochó los pantalones y se los quitó, apartándose un poco para poder admirar su cuerpo.

—*Nena*, estás increíble. —dijo con los ojos encendidos de deseo.

Iba a saborearla de arriba abajo. Empezó por el cuello, paseó su lengua por él suavemente y fue bajando hasta llegar a sus pechos. Los masajeó por encima de la ropa interior, hasta que consiguió que se le erizaran los pezones. Pellizcó uno, al comprobar que se endurecía aún más hizo lo mismo con el otro.

Le bajó el sujetador y se llevó uno a la boca. Lo torturó con la lengua y los dientes mientras que al otro lo atormentaba con los dedos. Lo agarró entre los dientes y tiró un poco de él consiguiendo que se arqueara y gimiera. Pasó al otro e hizo lo mismo, disfrutando del mismo resultado.

Fue besando sus costados hasta que llegó a la cinturilla de las braguitas. La miró a los ojos dándole la oportunidad de pararlo. Al no obtener ninguna oposición fue tirando de ellas poco a poco. Se relamió al verla delante de él, desnuda y con una mirada llena de deseo.

La estaba mirando ahí. Nunca había sentido ningún tipo de pudor en la cama, pero de la forma en que la estaba mirando parecía que él era un lobo y ella su presa. Le hacía sentirse tímida. Quiso cerrar las piernas, dejar de sentirse tan expuesta, pero él no se lo permitió. Se las abrió más y siguió bajando lentamente. Sintió como soplaba ligeramente y se estremeció.

Ethan pasó su lengua por sus labios exteriores para seguir después a los interiores. Encontró su botoncito y empezó a estimularlo, trazando círculos suavemente alrededor, pero al ver cómo le afectaba fue subiendo la intensidad.

No iba a aguantar mucho más. El placer le recorría todo el cuerpo, concentrándose después en un punto. Sentía como si en cualquier momento fuese a explotar.

—Ethan... no pue... yo... me voy...

Y explotó. Todo ese placer acumulado se extendió por todo su cuerpo haciendo que se arqueara, agarrándose a las sábanas y tirando de ellas. Poco a poco fue remitiendo consiguiendo que se quedara relajada, laxa. La cama se movió y escuchó el sonido de ropa al caer. Levantó la vista y se encontró a Ethan desnudo. Recorrió todo su cuerpo con la mirada, volviendo la vista por segunda vez a su entrepierna para no quitarla más. Él se fue acercando por encima de la cama.

—Eres muy grande —dijo Aún con la vista fija en su miembro.

—Tranquila *nena*, iré con cuidado.

Se tumbó a su lado. Comenzó a besarla y a acariciarle por todo el cuerpo, para así avivar otra vez las llamas de la pasión. Fue subiendo las manos por la cara interna de sus piernas hasta que llegó al centro de su feminidad. Le abrió las piernas un poco y acarició su sexo.

Situó su dedo en su apertura y lo introdujo lentamente rozando a su paso una zona muy sensible, lo que provocó que Sofía se arqueara. Lo extrajo suavemente para después volverlo a introducir con un segundo dedo. Al sentirlo Sofía no pudo evitar gemir. Cuando lo escuchó Ethan se movió un poco más deprisa hasta que ya no pudo más.

—No puedo aguantar más. —dijo mientras tomaba un preservativo de la mesilla y se lo colocaba—. Necesito entrar en ti.

Y entró de una sola embestida lo que provocó el gemido de los dos. Comenzó a moverse con un ritmo suave, dejando que Sofía se acostumbrara a su tamaño. Una vez que lo hizo, ella salió a su encuentro y le apremiaba, con las piernas, para que se moviera más deprisa.

Le hizo caso y lentamente fue incrementando el ritmo. Cada vez extraía menos de él y entraba más aprisa, provocando los gemidos cada vez más fuertes de Sofía. Con las rodillas clavadas en la cama, la agarró de las caderas y las subió consiguiendo así que las embestidas fueran más profundas.

Notaba cada vez más placer, cada vez que entraba en ella la volvía loca. Si seguía con ese ritmo enloquecedor no iba a aguantar mucho. Los dos estaban a punto de llegar al orgasmo pero Ethan no quería llegar el primero por lo que introdujo una mano entre ellos y le acarició el clítoris a Sofía, sin dejar de moverse.

—Vamos nena, córrete para mí.

Y lo hizo. Se arqueó mientras su cuerpo se iba consumiendo por el orgasmo más brutal que había sentido nunca. Al mismo tiempo Ethan buscaba su propio alivio, que llegó en cuanto vio a Sofía arquearse y dejarse llevar por el orgasmo. Un final tan fuerte que le hizo gruñir.

Se quedaron unos segundos como estaban, intentando recuperar la respiración. Cuando lo consiguieron Ethan salió de ella y se tumbó a su lado. Ambos extasiados.

8

Poco a poco fue despertando. Se sentía muy descansada y saciada. Abrió los ojos y algo no le cuadraba, esa no era su mesita de noche ni su despertador. Se preguntaba dónde estaba. Fue desplazando la mirada por la habitación y encontró su ropa tirada por el suelo. Se dio la vuelta en la cama y lo vio, entonces le vinieron los recuerdos de la noche de pasión que habían compartido.

No podía creer que se hubiese comportado de esa manera. No les habían bastado una ni dos, si no tres veces para saciarse el uno del otro. Y es que la noche anterior Ethan le había hecho sentir muchísimo placer. Hacía demasiado tiempo que no disfrutaba tanto del sexo. La última vez que tuvo una cita fue desastrosa.

Conoció a José una noche que había salido a tomar unas copas con unas amigas. Se acercó a su mesa y se presentó. Era bastante atractivo, por lo que, después de unos bailes se intercambiaron los números de teléfono. Entre mensajes quedaron dos días después. Fueron a cenar y a bailar. Hasta ahí todo fue genial. Y tras una velada agrada-ble, la cita terminó en casa de él.

Llevaban toda la noche echándose miraditas y ro-zándose levemente. Empezó muy bien, se besaron y se acariciaron. Se desnudaron mutuamente y se desplazaron a la cama, dejando la ropa esparcida por la casa. Al quitarse la ropa interior Sofía se llevó una sorpresa y es que José no era pequeño solo de estatura. Pero claro, podía ser que fuera pequeño pero aun así le hiciese sentir bien. Hizo como si no hubiera ningún problema y siguió adelante.

Pero no fue nada bien, apenas disfrutó. Quiso salir corriendo de ahí, pero no estaría bien, así que espero unos minutos. Aunque José sí disfrutó y quería volver a repetir y así se lo hizo saber, agarrándole la mano y colocándosela encima de la evidencia. Sofía, que ya había escarmentado, apartó la mano y salió de la cama.

—Lo siento, tengo que irme. —Cogió su ropa y se fue vistiendo.

— ¿Pero qué ha pasado? Pensé que lo estábamos pa-sando bien. —José estaba sentado en la cama y las sabanas tapaban la parte inferior de su cuerpo.

—Digamos que yo no lo he pasado tan bien como tú.

Y salió de la habitación y de la casa. No se atrevió a explicarle el motivo de su marcha, así que él aun pensaba que podría tener una oportunidad. De vez en cuando le mandaba algunas flores a la oficina. Así que, desde ese momento decidió no hablar mucho de su trabajo con sus citas.

Se dio la vuelta y observó el perfil de Ethan. Sería mejor que se levantara y se fuera antes de que despertase. Pero se permitió el lujo de observar esa espalda musculosa que lucía alguna marca de la noche de pasión que habían pasado, y al verlas rememoró los momentos en los que las provocó. Despertando así otra vez a su cuerpo. No debía seguir con esos pensamientos por lo que se levantó. Se puso una camiseta de Ethan, que encontró en una silla y salió derechita a la cocina.

El aroma de café le despertó. Al hacerlo se acordó de la noche anterior, del maratón sexual que tuvo lugar ayer en su cama. Menuda mujer era Sofía, era pasión pura. Aguantó su ritmo como si estuviera acostumbrada. No muchas mujeres podían decir que había estado con él tres veces seguidas y no se habían sentido doloridas. Se preguntó si resistiría una cuarta vez. Al pensarlo cierta parte de su cuerpo empezó a cobrar vida. Así que desechó esos pensamientos.

Se puso unos calzoncillos y siguió el aroma del café. Según iba bajando las escaleras se empezaba a percibir una melodía, al llegar al final se escuchaba perfectamente. Caminó de puntillas sin hacer ruido. Al entrar en la cocina se encontró a Sofía con una camiseta suya, cantando y bailando al ritmo de la música, mientras preparaba unas tostadas.

Estaba totalmente abstraída por la música, ni siquiera pensaba donde se encontraba. Habían puesto su canción favorita en la radio y no pudo evitar cantarla y bailarla. Se dio la vuelta para dejar el plato de tostadas encima de la mesa y se lo encontró en la puerta, mirándola con cara de estar pasándoselo muy bien.

— ¿Llevas mucho tiempo ahí? —dijo un tanto avergonzada.

—No demasiado por lo que veo.

Ethan se acercó a la cafetera y se llenó una taza. Sacó de la nevera un frasco de mantequilla y otro de mermelada, algo de fiambre y se sentó en la mesa a desayunar. Ninguno de los dos pronunció ni una palabra. Desayunaron en silencio mientras se recreaban con los recuerdos de la noche anterior.

— ¿Nos vemos esta noche? –preguntó Ethan de repente.

— ¿Perdón?

—Me encantaría repetir lo de ayer por la noche. ¿Y tú? —Se echó atrás en la silla y la miró mientras terminaba su café.

— ¿Tú no te sacias nunca? Pensé que después de lo de ayer hoy estarías *KO*.

—Por lo que se ve no, porque nada más despertarme quería meterme entre tus piernas otra vez. —Apoyó los brazos en la mesa una vez dejó la taza.

—Esto es solo sexo, ¿verdad? —Sofía no quería problemas de pareja en estos momentos.

—Sí. ¿O es que quieres algo más? —Esperaba que dijese que no, ya que no entraba en sus planes.

—No. Solo sexo y diversión. —Enfatizó la negativa negando con la cabeza.

—Entonces *nena*, yo soy tu hombre. —Se señaló—. Yo puedo darte mucho placer. —dijo alargando mucho las palabras.

Sofía sonrió en cuanto escuchó la última frase de Ethan. Estaba segura de que era verdad. La prueba de ello era la noche que habían pasado juntos.

9

Después del desayuno Sofía se marchó a casa para ducharse y arreglarse. Llegó puntual a la oficina.

—Buenos días Stacy. —dijo cuando pasó por su lado.

—Buenos días. Qué guapa estás hoy, ¿no? —Stacy se giró para poder mirarla bien.

— ¿Yo? —Se mira de arriba abajo—. Voy como siempre.

—Sí. Tienes el guapo subido. —Sofía sonreía mientras hablaba con su secretaria—. Ya sé que pasa. Tú has tenido sexo esta noche... ¿Con quién? ¿Cómo era?

—Shhh... Stacy no chilles que te van a escuchar todos —Lo último que quería era que sus compañeros se enterasen de su vida sexual.

— ¡Es verdad! Tu cara lo dice todo. —Se puso a saltar, con demasiado entusiasmo.

—Sí, es verdad. Pero si sigues haciendo un escándalo no te contaré nada. —dijo seria.

—Vale, ya me callo. —Stacy se sentó y puso cara de no haber roto nunca un plato.

—Durante la comida te lo cuento todo.

Sofía entró en su oficina dispuesta a seguir con el trabajo que dejó pendiente el día anterior. Cuando llevaba un rato mirando el mismo informe desistió. No podía concentrarse, no había cabida para nada, en su cabeza, excepto para Ethan y la noche de pasión que había compartido. Recordaba sus besos y sus caricias, la manera que tenía de moverse cuando estaba entre sus piernas… Incluso aun podía sentirlo. Hizo lo que pudo, para dejar sus pensamientos a un lado, pero cuando le faltaban treinta minutos para ir a comer se levantó exasperada y decidió adelantar su descanso.

—Stacy me voy a comer. —dijo tras abrir la puerta.

—Aún no es mi hora de salir, nos vemos allí en treinta minutos. —comentó después de comprobar el reloj.

—Vale, hasta luego. —Se despidió de ella con la mano mientras partía.

Se dirigió a la cafetería de siempre y ocupó su mesa habitual. El local se encontraba bastante vacío por lo que le llevaron la comida enseguida. Temía el momento en el que llegara Stacy, ya que volvería a recordarlo todo. Dio cuenta de la comida y extrajo la carpeta de *Butler & Wilson*, a ver si con un poco de suerte, adelantaba algo.

Estaban llevando a cabo negociaciones con los joyeros para ser sus publicistas durante los próximos años. El equipo de Sofía había perfilado ya una campaña y creado unos bocetos para mostrárselos. Estaban muy contentos con ellos, por lo que, en breve, planearía una reunión para enseñárselos.

Había otra empresa que estaba llevando sus propias negociaciones con los joyeros y estos estaban indecisos ya que les había mostrado una campaña que les gustaba. Así que había una especie de guerra entre las dos compañías para ganar aquella campaña.

Cada vez que miraba los papeles con las ideas y los bocetos pensaba en lo mismo. No se le ocurría nada para mejorarlo y sorprender a los joyeros.

—Sofía, déjalo para cuando estés en la oficina. —Stacy se sentó frente suya.

—Ufff… no he podido hacer nada en toda la mañana. No había manera de concentrarme. —Cerró la carpeta y la hizo a un lado.

—Me puedo imaginar por qué. ¿Tiene que ver con un mulato atractivo que te llevó ayer a cenar? —Apoyó los brazos en la mesa y se reclinó hacia delante.

—Puede… —Se sentía un tanto incomoda desvelando demasiado.

— ¡Lo sabía! Cuéntamelo todo. —Aplaudió de la emoción.

—Jajaja Stacy para. —Cuando empezaba un interrogatorio no paraba hasta conseguir enterarse de todo.

—Algún detalle me darás, ¿no? ¿Qué tal la cena? ¿Te llevó a casa? ¿Os acostasteis? —Lo que había dicho antes, no paraba.

—La cena genial. Me sentí muy cómoda con él. Hablamos un montón. —dijo con una gran sonrisa en la boca.

— ¿Sólo hablasteis? —Hizo una pausa en comer para mirarla.

—Durante la cena sí. —Le dedicó una sonrisa socarrona.

— ¿Eso quiere decir que después hubo algo? —Arqueó las cejas mientras esperaba su respuesta.

—Después de cenar fuimos a pasear. Entramos en un parque que había por ahí cerca y nos sentamos delante del lago. Una cosa llevó a la otra y casi lo hacemos ahí. —dijo la última frase en un susurro.

—Woow. Pero tía, estas hecha una cochina. —dijo agitando la mano frente a su rostro muy rápido.

—No sé qué pasó, la verdad. Nunca me había comportado así. Pero en cuanto nos besamos, no pudimos parar.

— ¿Y después?

—Fuimos a su casa y nos acostamos. —Se acercó a ella y le susurró—. Tres veces.

— ¡No me lo puedo creer! Menudo semental. Supongo que te gustó. —Arqueó una ceja sabiendo ya la respuesta de antemano.

—Fue increíble. —Rememoró los momentos más placenteros quedándose abstraída.

— ¿Habéis vuelto a quedar? —Stacy terminó su comida y pidió el postre.

—Se supone que sí. Pero me dijo que me llamaría para concretar. De momento, no lo ha hecho aún. —Se encogió de hombros.

— ¿Y tú quieres que te llame?

—No estaría nada mal, me lo pasé genial. —dijo sonriendo. Estaba deseando que la llamara.

El tiempo libre acabó demasiado pronto. Se acercaron a la barra, pagaron sus consumiciones y partieron hacia la oficina. De camino siguieron cotilleando sobre la noche de Sofía. Una vez que cruzaran la puerta de la oficina, debían ser lo más serias y recta posible.

10

Ethan no conseguía ninguna idea nueva. La campaña que habían elaborado estaba bastante bien, pero no era magnífica. Él quería deslumbrar a los joyeros. Llevaban una semana de negociaciones, junto con la competencia y cuando parecía que ganaban la oposición les ofrecían algo nuevo. Estaba desesperado y necesitaba ganar para que la empresa siguiera adelante.

Tendría que dar un paso adelante en su plan e ir a casa de Sofía a pasar la noche. Después de una noche de sexo agotador buscaría su carpeta a ver si encontraba algo que le sirviera. La verdad era que su plan estaba dando muchos frutos. La noche anterior había sido increíble. Hacía bastante tiempo que no disfrutaba tanto del sexo y que no encontraba una amante tan pasional como ella. Incluso, aún tenía las marcas de sus uñas en la espalda.

Cuando terminara la jornada iría a buscarla a la cafetería y no se movería de allí hasta que le invitara a su casa a cenar.

Al final Sofía había conseguido centrarse en el trabajo. No había terminado, pero se sentía satisfecha con la labor del día. Al terminar la jornada, se dirigió a tomarse un café, hoy lo necesitaba sin falta. Ethan no le había llamado en todo el día. Le hubiera gustado recibir su llamada y escuchar esa voz sexy por el teléfono. Y parecía que hoy, al final, le sonreía la fortuna porque al poco de llegar a la cafetería apareció Ethan.

—Hola *nena*. Estas muy sexy con esa ropa.

Se sentó a su lado y le beso en la boca. Sofía no se lo esperaba y menos en público, por lo que, se quedó quieta. Él le puso con toda confianza un brazo por el respaldo de la silla donde Sofía estaba sentada.

— ¿A qué viene tanta efusividad? —dijo Sofía mientras le fruncía el ceño y le observaba.

—Me apetecía. ¿No puedo besar a mi chica? —Se encogió de hombros quitándole importancia al asunto.

— ¿Tu chica? Eso no es lo que hablamos ayer. —Sin poder evitarlo se le arqueó una ceja.

—Bueno, quien dice chica dice amiga con derecho a roce. ¿Satisfecha? —Ethan le sonrió y ella se derritió.

Sofía se encogió de hombros. Tras hacer su pedido y que se lo trajeran, los dos bebieron en silencio. Cada uno sumergido en sus pensamientos con el otro.

— ¿Cenamos juntos hoy? —preguntó finalmente Ethan.

—Me parece buena idea. Pero tengo que volver pronto a casa que mañana tengo una reunión a primera hora. —Sofía cruzó las piernas por debajo de la mesa rozando accidentalmente a Ethan.

— ¿Sí? —Ethan siguió el movimiento de sus piernas con la vista. A punto estuvo de poner su mano encima de una de ellas.

—Sí. Mi empresa ha programado una reunión con unos futuros clientes. —Sofía puso cara de aburrida, ya que no le apetecía nada hablar de trabajo con él.

—Ahhh… Bueno, sabes cuál es la solución a eso ¿no? —Acabó susurrándole la última parte mientras depositaba una mano en su pierna.

—No sé a qué te refieres. —Sonrió mientras ponía carita de niña buena.

—La solución es que vayamos a cenar a tu casa. —Ethan le dedicó una sonrisa deslumbrante—.Tengo ganas de hacerte mía. —Sus labios rozaban su oreja mientras le hablaba—. Otra vez. —Y lentamente fue deslizándolos hasta su cuello.

—No sé si puedo fiarme de ti. No es que te conozca mucho precisamente. —lo dijo con sorna, pero en el fondo era verdad.

—Claro que sí Nena. Ayer te llevé a mi casa. Si no fuese de fiar lo más probable es que te hubiera llevado detrás de un arbusto en el parque…

—Sí… bueno…

Sofía no sabía si fiarse de él cómo para llevarlo al apartamento dónde vivía. Se habían acostado juntos, sí, pero en el fondo no se conocían. No sabía nada de él. Aunque en tenía claro que al final, de algún modo, volverían a estar juntos.

—Está bien. Vamos a mi casa a cenar. No tengo mucho en la nevera, si quieres cenar algo en especial deberemos pasar a comprar algunas cosas.

—No hay problema, yo pago. —dijo mientras se dirigía a la barra y pidió la cuenta de lo que habían tomado.

Una vez abonada la cuenta, se dirigió de nuevo a la mesa donde estaban sentados, cogió a Sofía de la mano y partieron hacia su casa. De camino entraron en un comercio y compraron para hacer la cena.

El camino al apartamento fue muy animado. Iban hablando y bromeando durante todo el trayecto, como si se conocieran de toda la vida. Al llegar se despojaron de las chaquetas y dejaron las bolsas en la cocina.

Sofía le enseñó el estudio a Ethan. No era demasiado grande. Su empresa le había buscado un piso pequeño pero como no esperaba tener compañía, no creía que fuera ningún problema. La distribución del apartamento era simple y sencilla, al acceder, a la derecha se encontraba la cocina con una barra americana con dos taburetes que utilizaba para comer. A la izquierda, al fondo, se encontraba la cama, que estaba separada del comedor por unos biombos de madera preciosos. En medio estaban los dos sofás de dos plazas, una mesa de centro y un mueble pequeño donde había una televisión. Y justo frente a la cocina, había una puerta que daba al baño. Los muebles y la decoración era muy moderna, donde predominaba el color blanco y negro.

—No es muy grande, pero para mí sola no está nada mal. —dijo encogiéndose de hombros.

—Tranquila. —Ethan sonrió.

Ambos se dirigieron a la cocina y Sofía extrajo dos cervezas de la nevera, cogió dos vasos del mueble y le ofreció una a Ethan. Dispuso todo lo necesario para hacer la cena y entre los dos la prepararon. Mientras uno cortaba, el otro cocinaba y para terminar limpiaron juntos. Charlaron y bromearon mientras terminaban y ponían la mesa.

La tensión sexual flotaba en el ambiente. Y cuando se sentaron a cenar uno al lado del otro, la comida típica española para que Ethan la probara. El mínimo roce que había entre ellos hacía que a Sofía le hormigueara el cuerpo y parecía que de un momento al otro, los dos iban a estallar en llamas.

— ¿Cómo has dicho que se llama esto? —dijo Ethan mientras señalaba uno de los plato.

—Tortilla de patatas. —dijo sonriendo mientras la cortaba—. No pongas esa cara, verás cómo te gusta.

Sofía sirvió un poco de tortilla en cada plato y ensalada. Ethan cogió el tenedor y probó un poco. Al principio mascó dudoso pero después al saborearlo se llevó un buen trozo a la boca.

— ¡Está buenísimo! Eres una gran cocinera. —Ethan sonrió y ella se derritió por el alago.

—Gracias. —Murmuró y se puso colorada por el cumplido. A él le encantó su reacción y la besó.

Terminaron la cena y se sentaron en el sofá. Sofía con un café con leche e Ethan con un té que habían comprado en el supermercado.

—Gracias por la cena *nena*, estaba buenísima. —Le echó el brazo derecho por encima de los hombros, mientras que sujetaba la taza con la mano izquierda.

—No hay de qué.

Se miraron y Sofía notó como le recorría un escalofrío de anticipación. Porque para que iba a mentirse, esa noche iba a ser como la anterior o mejor.

Terminó su café y dejó la taza encima de la mesa, al lado de la otra. Ethan se acercó y le colocó un mechón de pelo detrás de la oreja y lentamente fue acercando sus labios. La espera se hizo eterna. Cuando por fin se tocaron Ethan agarró a Sofía del cuello y la sentó a horcajadas en su regazo. Había estado esperando ese momento durante todo el día.

Sofía tiraba de la camiseta de Ethan para quitársela. Quería morder esos pectorales otra vez. Una vez le despojó de ella, le mordisqueó el cuello mientras le obligaba a apoyar los brazos en el respaldo del sofá. Se recreó con su cuello y su pecho, haciéndole gemir. Lentamente fue bajando sus manos hasta la cinturilla del pantalón y le desabrochó el cinturón. Y muy despacio le deslizó el pantalón por sus piernas. Una dulce tortura para Ethan. Sofía se puso de pie y fue desabrochando los botones de su camisa, procurando que no se abriera mucho. A continuación, le siguieron los pantalones.

Nunca se había comportado de esta forma tan atrevida, pero Ethan conseguía eso con ella. Se deslizó por sus piernas, le agarró el cuello y lo besó salvajemente. Pegó sus cuerpos y empezó a moverse encima de él.

Ethan aprovechó su cercanía para desabrocharle el sujetador. Le acarició los pechos con las manos, y bajó la cabeza y se metió uno en la boca. Sofía se agarró a su cabeza y se arqueó dándole total acceso. Ethan la agarró del trasero, se levantó y los condujo a la cama. La tiró encima y se quedó observándola.

—*Nena*, no sabes lo increíblemente sexy que estás así. —Dijo mientras se quitaba la ropa interior y se ponía un preservativo—. Me parece que no vas a necesitar esto. —ronroneo mientras tiraba suavemente del borde de sus bragas.

Se puso de rodillas entre sus pierna. Y colocó las de Sofía una en cada lado de sus caderas. Apoyó una mano al lado de la cabeza de ella y entró en ella de una sola estocada. Sofía al sentirlo se arqueó y gritó. E Ethan comenzó a bombear dentro de su cuerpo a un ritmo torturador

—*Nena*, no sé qué me haces pero no puedo controlarme cuando estoy contigo.

Se besaron como locos mientras Ethan se movía rápidamente. Entraba y salía de una sola estocada haciéndoles gemir a ambos. Ethan le elevó las caderas permitiéndole una penetración más profunda. Sentían como el placer les recorría todo el cuerpo, hasta que se centraba en un punto, hasta que ya no aguantaron más y terminaron en un orgasmo frenético.

Cuando terminó la vorágine de miembros entrelazados, se tumbaron el uno al lado del otro con la respiración acelerada. No hablaron, no se abrazaron, simplemente recobraron el aliento los dos juntos.

—Necesito una ducha. —dijo Sofía cuando pudo recobra el aliento y se levantó de la cama sin ningún pudor—. ¿Te vienes?

Ethan se levantó sin pensárselo y la acompañó. Dentro de la ducha, se mojaron, se enjabonaron y aclararon entre besos y caricias. Al terminar, se secaron mutuamente y volvieron a la cama. Pero en vez de dormir, se pusieron manos a la obra, y trabajaron en un nuevo asalto.

Horas más tarde, Sofía dormía plácidamente después del maratón sexual que habían compartido. Aprovechando el momento, Ethan se levantó muy lentamente y se dirigió al comedor donde estaba el maletín de Sofía. Lo abrió muy suavemente para no despertarla. A través de la luz que se filtraba de los grandes ventanales, pudo ver sin tener que encender la luz.

Abrió la bolsa y extrajo los papeles. Había muchas hojas con anotaciones, documentos impresos, algunos bocetos de otras campañas…. Pero no encontró nada sobre los joyeros. Ningún dato de cómo sería la campaña ni las condiciones del futuro contrato. Si hubiera encontrado algún dato podría encaminar su campaña por el mismo lado o al contrario, según fuese su conveniencia.

No le quedaba otra alternativa. Debería seguir viniendo a casa de Sofía, hasta que encontrara lo que necesitaba.

11

A la mañana siguiente se despertaron temprano, se arreglaron, desayunaron y cada uno se fue a sus respectivos trabajos. En realidad trabajaban muy cerca, pero Ethan no quería arriesgarse a que le viera entrar en su empresa, por lo que, primero se dirigió a su apartamento.

Sofía se había levantado muy contenta. Una luminosa sonrisa se había instalado en su rostro. Había pasado una noche increíble y descansó plácidamente al lado de Ethan. Nunca había dormido bien cuando compartía su cama con alguien. Sin embargo, cuando Ethan la compartía con ella no tenía ningún problema. Esa noche se volvería a encontrar en su casa y disfrutarían la noche al completo, mañana tenían el día libre.

Al llegar a su planta fue directa a su oficina.

—Buenos días Stacy. —Su secretaria se le quedó mirando, era raro que Sofía llegara temprano y encima tan contenta. Se levantó y entró tras ella.

— ¿Has pasado buena noche? —preguntó Stacy con un tono de "*confiesa*".

—La verdad es que sí. —Sofía se sentó delante del ordenador y lo encendió.

— ¿Tiene algo que ver con Ethan? —dijo Stacy mientras se sentaba en la silla frente a ella.

—Sí. —Sin poder evitarlo la sonrisa volvió a surgir—. Ayer durmió en mi casa.

—Dos noches seguidas durmiendo juntos, esto promete. —Stacy estaba casi más emocionada que ella.

—No, no promete nada, es solo sexo. —Hizo un gesto para quitarle importancia al asunto con la mano.

—Conozco a más de una que me dijo lo mismo y ahora mismo están casadas con el chico en cuestión.

Sofía se la quedó mirando. No entraba en sus planes tener ningún tipo de relación con un chico y menos echarse pareja.

Su estancia en Londres era limitada. Aunque eso no quería decir que no pudiera divertirse con Ethan. El sexo con él era genial, brutal y excitante. Por lo que aprovecharía todo el tiempo que pudiese. Ya habían hablado de eso y los dos estuvieron de acuerdo en disfrutar del momento.

Se acercaba la hora de ir a la reunión, así que apuró el café, tomó sus notas y se dirigió a la sala de reuniones.

Había llegado el momento de mostrarles definitivamente la campaña. Debían negociar las condiciones del contrato; el pago que deberían hacer, el tiempo que querían utilizarla; que medios deseaban para promocionarla y la frecuencia... Iba a ser una reunión de negocios muy larga.

—Bueno, ya estamos todos, así que procedemos a empezar la reunión. —dijo el director mientras los últimos rezagados se sentaron—. Stacy os entregará un dosier con el plan ideado para la campaña.

Cogió el mando del proyector y reprodujo la presentación que Sofía y su equipo habían preparado. Mientras la publicista tomaba la palabra.

—Como pueden observar hemos querido llegar a un grupo bastante amplio de clientes. Antes de idear una campaña para ustedes, revisé las anteriores acciones publicitarias que habían realizado. Eran anuncios muy bonitos pero, la idea general que me venía a la cabeza era que sus joyas eran muy exquisitas y solo se las podían permitir personas con bastante soltura económica.

Sofía fue reproduciendo diferentes fotos de dichas campañas para que se dieran cuenta de lo que les estaba expresando.

—Con nuestra campaña vamos a seguir proclamando que sus joyas son exquisitas. —Se sentía en su salsa, le encantaba este tipo de presentaciones—. Pero no siempre la exquisitez ha de ser cara por lo que vamos a llegar a más gente. ¿Y cómo lo vamos a hacer? —dijo mirando directamente a los joyeros—. Hemos diseñado un par de escenas que podrían ser futuros carteles publicitarios como estos —Cambio la imagen a algunas de las que habían elaborado—. Podemos preparar un anuncio para televisión y cualquier cosa que pidan. En dichas escenas observamos a una mujer con un estilo de vida medio, en partes del día a día luciendo diferentes joyas suyas. Como he dicho antes, esto lo hemos ideado pensando que sería de su agrado. Si quieren hacer algún cambio, si algún detalle no les gusta se puede modificar perfectamente.

Después de enseñarles el proyecto pasaron a comentar el contrato punto por punto. En cuanto a condiciones no había muchos problemas ya que más o menos los joyeros pedían lo que *J M Marketing Internacional* les ofrecía.

—Nos gustaría pensárnoslo. Hablarlo tranquilamente entre nosotros. Sopesar los pros y contras. Les comunicaremos nuestra decisión cuando la tomemos.

No les dijeron nada pero era sabido que la competencia les estaba rondando así que esperaban haberles proporcionado las mejores condiciones. Todos se levantaron de la mesa. Los joyeros se despidieron y salieron de la sala junto al director, los demás se fueron a sus oficinas.

Sofía se sentía contenta con la reunión. No les habían confirmado nada, aún era temprano. Lo más normal es que, comenten entre ellos que les ha parecido la campaña y las condiciones, en privado. Y después de unos días den una respuesta.

Ella pensaba que le había salido muy bien. Había expresado todas sus ideas claramente, sin equivocarse y ni siquiera ponerse nerviosa. Estaba segura de sí misma. Tenía una corazonada.

12

Ethan llegó a la oficina. La noche anterior estuvo muy bien. El sexo con Sofía era demasiado placentero. Al revisar los documentos, que encontró en la bolsa, no le sirvieron de mucho, simplemente alguna anotación sin importancia. Tendría que quedar con ella otra vez.

Y lo pasarían muy bien, eso seguro. No podía quejarse de cómo estaban yendo las cosas, el día anterior había estado toda la noche con ella en su casa, así que algo de confianza debía tener. Dentro de poco intentaría hablar sobre el trabajo, para intentar sacarle algo de información.

Él debía seguir con el suyo. A parte de averiguar cualquier paso por parte de *J. M. Marketing* con referencia al tema de los joyeros debían sacar una campaña adelante. Hoy tenía una reunión con su equipo para ultimar los detalles y así poder reunirse con los diseñadores de joyas y hacerles una propuesta. Solo esperaba no tener que alargar estos trámites durante mucho tiempo.

Se preguntaba qué pasaría después con Sofía. Le había comentado que se había mudado solo para seis meses pero que se podía alargar según el trabajo.

Al principio pensó que sería más difícil volver a quedar con ella. Él era de una sola cita, nunca volvía a quedar una segunda. No le gustaba que se hicieran esperanzas solo por haberse acostado dos días seguidos. Pero ellos, desde el principio hablaron y aclararon que solo era diversión. Aunque no le gustaría que se acostara con otro mientras lo estaba haciendo con él. Debería aclarar ese punto con ella cuanto antes.

Se dirigió a la máquina de café. Tanto pensar en Sofía se estaba animando cierta parte de su cuerpo. Mientras se deleitaba con el amargo brebaje, pensó en mandarle un mensaje a ver que hacía.

Hola ¿Cómo estás? ¿Quedamos mañana por la noche?

Esperaba no parecer muy pesado, pero para que iba a esperar a mañana si podía hacerlo hoy. Al terminar la bebida volvió a su oficina. Necesitaba concentrarse un poco. Tenía bastante trabajo pendiente y diversas campañas que sacar adelante.

Sofía estaba en la oficina. Faltaba muy poco para la hora de comer. Y ya había terminado la reunión y por lo tanto lo más pesado de la mañana. Tenían otros productos que promocionar. Estaba realizando un listado de empresas con sus correspondientes números de teléfono para así poder mandar hojas publicitarias.

Así que mientras se estaba preparando para ir a comer cuando le sonó el teléfono. Ethan le había mandado un mensaje. Y al ver su nombre en el remitente se le instauró una sonrisa en el rostro.

Cada vez le gustaba más este chico. Aunque no dejaba ver mucho su personalidad ya que la gran mayoría del tiempo que pasaban juntos estaban en la cama. Le haría esperar unos minutos para que no pensara que estaba pegada al teléfono esperando cualquier noticia suya.

Pues no sé. Si me convences puede ser que te invite a casa ☺

No debía mentirse, tenía ganas de quedar, pero no se lo iba a poner fácil, eso por supuesto. Siguió recogiendo los papeles de la mesa, no le gustaba dejárselos olvidados por ahí. Cogió el bolso y se dispuso a salir cuando la voz de Stacy a través del interfono la detuvo.

—Sofía tienes una llamada. —Y directamente el teléfono sobre su mesa empezó a sonar. Levantó el auricular y contestó.

—Buenos días, soy Sofía Campos. ¿En qué puedo ayudarle? —dijo al teléfono.

— ¿Cómo puedo convencerte para ir a tu casa mañana por la noche? —Cuando oyó su voz le dio un vuelco el corazón. No esperaba que le llamase al trabajo.

— ¿Cómo sabías dónde llamarme? —preguntó intrigada.

—*Nena*. —Su tono sensual la atrajo al instante—. Me dijiste donde trabajabas. *Google* hizo el resto. Pero no me cambies de tema. Dime, ¿qué tengo que hacer? —repitió con el tono de voz sexy.

—Si te digo lo que tienes que hacer no tiene gracia. —le siguió el juego.

—Cierto. ¿Qué te parece si quedamos para comer en el restaurante del final de la calle y lo hablamos? —Sabía que si se veían para comer estaría toda la tarde excitada, con solo escuchar su voz se había vuelto loca.

—Vale, en diez minutos estoy ahí. Ya salgo de la oficina.

Se miró en un espejo que lleva en el bolso para comprobar que el maquillaje y el pelo estuvieran bien. Se acomodó bien la ropa, cogió el bolso y se dispuso a salir. En cuanto cruzara la puerta y le comunicara a Stacy que no irían a comer juntas le interrogaría para enterarse con quien iba, dado que normalmente comían juntas todos los días.

—Stacy salgo a comer. —dijo cuando salió de la oficina.

—Espérame unos segundos y voy contigo. —Estaba cerrando lo que tenía abierto en el ordenador y recogiendo los papeles de la mesa.

—Lo siento pero… He quedado con Ethan, luego te cuento. —dijo mientras se alejaba.

— ¿Ha sido él quien te ha llamado? —Preguntó su secretaria en *"modo interrogatorio on"*.

—Sí, ¿por? —Se paró unos segundos mientras hablaban.

—Tiene una voz muy sexy por teléfono. —Se encogió de hombros.

—Eres tremenda. —Le sonrió y se dio la vuelta para seguir su camino al ascensor.

El restaurante dónde iban a comer no estaba muy lejos, pero necesitaba cinco minutos para llegar caminando a buen paso. Al llegar, él ya estaba sentado, por lo que, entró y se dirigió directamente a la mesa.

Las mesas estaban bastante espaciadas entre sí. Por un lado de la mesas había dos sillas, por el otro lado un sofá de dos plazas y estaban decoradas con un bonito mantel.

Cuando estaba llegando Ethan le señaló con la mano el asiento vacío junto al suyo para que se sentara. Así lo hizo y el mantel enseguida le cubrió las piernas.

—Hola *nena*. —Le dio un beso que casi la deja sin aliento.

—Hola. —dijo cuando por fin pudo articular las palabras.

Se acercó un camarero y les comunicó los menús del día. Ambos eligieron dos platos. Ella una ensalada *Waldorf* de primero y salmón a la plancha con verdura salteada con salsa de soja de segundo. Él una crema de verduras y pollo asado con patatas fritas. Eso sí, los dos coincidieron en pedir vino para beber.

— ¿Qué tal el trabajo? —preguntó él mientras aliñaba la ensalada.

—Bueno…. Bien. —Dijo con un suspiro—. Supongo que la reunión de esta mañana podría haber ido mejor.

— ¿Y eso? —preguntó Ethan intentando averiguar algo.

—Hoy tenía una reunión con unos posibles clientes. Hemos realizado una presentación de la campaña que diseñamos para ellos, pero nos dijeron que debían pensarlo.

Ethan se alegró de que no les hubieran confirmado nada, ya que ellos estaban muy próximos a dar un paso adelante.

—Menuda lata. ¿Y ahora que vais a hacer? —Dijo aprovechando la pausa tras terminar el primer plato mientras esperaban a que les trajeran los segundos.

—Pues supongo que de momento esperar. —le restó importancia al asunto mientras se encogía de hombros.

Aún tenían una oportunidad. Si conseguía igualar la campaña de Sofía o hacerla mejor, entonces podían ganar a los joyeros como clientes. Se distrajo cuando les trajeron los otros platos.

— ¿Te gusta? —Ethan puso una voz sugerente para llamar su atención y así poder cambiar de tema.

— ¿El qué? —preguntó Sofía confusa. Cuando se giró para mirarle le estaba sonriendo.

— ¿Tú que crees? —Lentamente tras su pregunta, se acercó a ella. Y empezó a besuquearle el cuello—. Esto… y esto… —Mientras seguía con su cuello, su mano se dedicó a acariciarle la pierna.

Sofía cerró los ojos. Con tan solo hablarle al oído le había puesto los pelos de punta. Le hormigueaba cada zona que él tocaba. Su mano se desplazaba lentamente dejando un rastro hormigueante. No quería dejarse llevar, pero la cabeza cada vez se le iba más para atrás. Hasta que la apoyó en el respaldo. Cuando ya había subido la mano casi hasta el vértice de sus piernas le puso una mano en la frente a Ethan y le separó de su cuello. Estaban en un sitio público y no debían dejarse llevar tanto.

—Ethan, para. Nos pueden ver. —Los dos tenían la respiración entrecortada y estaban bastante acalorados—. Será mejor que terminemos de comer.

Dieron cuenta del segundo plato y del vino. Y llegó el turno del postre. Por costumbre, pidieron platos diferentes. Y cada uno degustó una cucharada del otro. A Ethan le gustó tanto lo que había pedido que cogió una cucharada y se lo acercó a Sofía. Ella se acercó a la cuchara separando poco a poco los labios. La apresó con la boca y muy suavemente saboreo su contenido. Cuando el sabor del postre tocó su lengua, gimió mientras lo saboreaba por el dulce sabor y el placer de paladearlo.

Ethan nunca había visto nada tan sexy. Observar como Sofía saboreaba el postre que él le había ofrecido con su cuchara hizo que se imaginara esos mismos labios en otra parte de su cuerpo.

—*Nena*, no te puedes imaginar cómo me has puesto haciendo eso. —Sofía se tragó el bocado bruscamente. Ethan se acercó y le limpió un poco de chocolate que tenía, en la comisura de la boca, con la lengua.

Se quedaron mirándose el uno al otro. Ethan le acarició la cara, enterró la mano en el pelo de su nuca y la atrajo hacia sí. La beso suavemente, acariciándola con los labios y con la lengua. A Sofía su proximidad la estaba afectando, mucho más incluso que sus caricias. No podía pensar en otra cosa que en lo que sentía cuando Ethan la besaba. Le recorría un hormigueo por todo el cuerpo para luego centrarse en su bajo vientre.

Debería parar esto, alguien les podía ver, se recriminaba Sofía. Pero se sentían tan bien sus besos. Con mucho esfuerzo, se fue separando de él lentamente. No dijeron nada, sus miradas hablaban por ellos, se deseaban y se verían mañana por la noche en casa de ella, para aplacar la pasión que sentían sus cuerpos.

Pagaron la cuenta y salieron del local. Se despidieron con un beso y la promesa de que terminarían lo que habían empezado. Cada uno se dirigió en dirección a su respectivas oficinas sin darse cuenta de que alguien les había visto despidiéndose.

Ese alguien vio como Ethan llegaba a la puerta de *Together Marketing*, disimulaba con el teléfono mientras vigilaba a Sofía. Una vez que entro en su edificio entró corriendo.

13

El día pasó, amaneció y llegó la noche, no tan rápido como les hubiera gustado. El día anterior por exceso de trabajo no tomaron café juntos, después del trabajo. Pasaron el día libre intentando descansar, ya que tenían muchas ganas de verse por la noche.

Ethan aprovechó la mañana para ir al gimnasio. Necesitaba el desgaste que le provocaba el ejercicio extremo. Corrió en la cinta hasta agotarse, y después hizo el programa de pesas y abdominales. Cuando terminó se quitó todo el sudor del cuerpo con una buena ducha caliente.

De camino a su apartamento pasó por un supermercado para comprar una botella de vino. Tras un rápido cambió de ropa. Se vistió con unos pantalones vaqueros, qué le gustaban mucho y una camiseta de manga corta, con una camisa de manga larga encima.

Sofía, por otro lado, pasó toda la mañana encerrada en su casa, adelantando trabajo. Por la tarde, quedó con Stacy para tomar un café y despejarse un poco, después de horas y horas trabajando. Hablaron, rieron, pasearon y compraron. Pasearon por las tiendas y Sofía se compró algunos trapitos para impresionar a cierto inglés, de piel tostada.

Una vez ya en su apartamento, Sofía llegó y registró los armarios de la cocina para saber con qué materia prima contaba para hacer la cena. Al final, optó por hacer un poco de pescado al horno con verduras. Y, para picar preparó unos tentempiés. Cuando lo tuvo todo más o menos listo se fue a la ducha y se vistió. Como iban a estar en casa se puso unos leggins negros y un suéter largo de colores.

Justo en el momento en el que terminaba de vestirse el timbre sonó. Abrió la puerta de abajo y esperó hasta que subió.

— ¡Hola! —Ni siquiera le dio tiempo a responder. La agarró de la nuca y devoró sus labios.

Sofía, un poco aturdida por el beso, se separó y se dirigió a la cocina. Ethan dejó el vino en la mesa del comedor, que estaba libre de objetos, mientras Sofía cogió las dos bandejas que había preparado de tentempiés y las dejó encima de la mesa.

Se sentaron en el sofá y fueron picoteando mientras hablaban.

— ¿Tienes hermanos? —Aunque le pareciera raro, quería conocerla un poco más.

—Sí, tengo un hermano menor. Nos llevamos cinco años. Siempre hemos estado muy unidos. —Le sonrió.

—Eso es muy bonito. —Él era hijo único, así que no entendía mucho de amor entre hermanos.

—Desde pequeños, yo he tenido que cuidarlo, ya que salía a trabajar cuando terminábamos las clases. —Sofía se quedó con la mirada perdida, recordando aquellos años.

—¿Y ahora os seguís llevando igual de bien? —Sofía le sonrió mientras asentía con la cabeza—. ¿Has tenido muchos novios?

—No, ya te comenté que no busco relaciones largas. Tuve una y fue desastrosa. No quiero que me vuelva a pasar lo mismo. —Se quedó pensativa. No pudo evitar acordarse de Adrián. Tuvieron una relación estupenda de tres años de duración. Hasta que se enteró de que la engañaba desde hacía un tiempo. Fue una ruptura muy dolorosa. Se negó a dejar que otro hombre tuviera oportunidad de mentirla otra vez.

—Perdona si te hice acordarte de cosas desagradables. —Se dio cuenta enseguida del cambio que había hecho ella desde el momento en que salió el tema de conversación a colación.

—Tranquilo, no podías saberlo. Bueno, ¿y tú qué? ¿Cuántas novias han caído en tus redes?

—Pues si contamos la que tuve en la guardería entonces… Una. —Nunca había tenido ninguna relación seria, no había conocido a ninguna mujer que le atrajera para tal fin.

— ¿En serio? ¿Ni siquiera en el instituto? —Preguntó Sofía verdaderamente sorprendida.

—Ni siquiera en el instituto. —soltó una carcajada— Solo muy buenas amigas.

Le sonrió al escuchar esa respuesta, era algo que podía imaginarse perfectamente.

—Pero no te preocupes, *nena*. Tengo mucha experiencia… como has podido comprobar. —Sofía soltó una carcajada.

Sin darse cuenta terminaron todos los aperitivos que había preparado Sofía. Así que se dirigió a la cocina, cogió todo lo necesario y sirvió la cena. Cuando estaba a punto de terminar el segundo plato Ethan la abrazó por las caderas y se pegó a ella.

—Tardas mucho. —Dijo muy cerca de su oído—. Te echaba de menos.

A Sofía le recorrió un escalofrío por todo el cuerpo. Su cercanía le volvía loca. Se giró para decirle algo pero se quedó sin habla cuando sus ojos se cruzaron. Su mirada, completamente anegada por el anhelo.

No quería dejarse influir por la corriente de deseo que le recorrió todo el cuerpo. Pero le estaba resultando muy difícil. Se acercó a él y rozó sus labios, sin llegar a besarle.

—Será mejor que terminemos la cena. —Le dijo aun rozando sus labios—. Tenemos toda la noche por delante para tenernos el uno al otro.

—Tienes razón. Voy detrás de ti.

Debería moverse para ir al comedor, pero no podía separarse de él. El deseo la dominaba completamente. Sus labios se unieron, besándolo y rindiéndose a él. Ethan la agarró de la nuca y la acercó a él todo lo que pudo. Ella se aferró a sus caderas para poder apretarse un poco más.

Poco a poco el beso se fue haciendo más intenso. Caminaron hasta que chocaron con algo, que resultó ser la encimera de la cocina.

Ethan la subió y se situó entre sus piernas. Le quitó el jersey y se recreó con sus pechos mientras Sofía le tiraba de la camiseta, desesperada por la lujuria que estaba sintiendo. Le quitó la prenda en cuanto él levantó la cabeza para besarla. Quería sentir su piel rozando su cuerpo.

Tiró de los leggins y la ropa interior para abajo, dejándola totalmente desnuda. Sofía se sintió muy sexy bajo la mirada atenta de Ethan. Por lo que, apoyó las manos en la encimera echada hacia atrás y abrió un poco más las piernas.

Provocándole.

Cuando Ethan la observó exponerse a él, de esa manera, casi se vuelve loco. Le costaba mucho controlarse con ella. Pero después de esa visión iba a ser mucho más difícil. Su miembro dio un brinco al observarla tan detenidamente. Y se apresuró a desprenderse de los pantalones y calzoncillos.

Se acercó a ella y bajó su cabeza hasta situarla entre sus piernas. Apoyó los pies de Sofía en sus hombros consiguiendo un mejor acceso y sin dudarlo se lanzó a darle placer.

Desde el primer momento en el que Sofía notó su lengua se arqueó y gimió. Ethan conseguía volverla loca cuando se situaba entre sus piernas. Estaba estimulando su clítoris a un ritmo enloquecedor consiguiendo que se corriera enseguida. Pero no paró. Siguió mientras introducía un dedo en su interior.

Estaba más que preparada para él.

Aventuró un segundo dedo. Y Sofía se lanzó hacía un segundo orgasmo.

Ethan se levantó y la miró victorioso. Pero no dispuesta a dejarle vencer, cuando estuvo a su altura Sofía le agarró el pene y empezó a acariciarle. Ethan suspiró echando la cabeza atrás. Y ella aprovechó y se bajó de la encimera. Se puso de rodillas y lo tomó en su boca.

Al sentir el calor de su boca, Ethan abrió mucho los ojos y bajó la mirada.

En cuanto la vio en esa postura y con su verga en la boca estuvo a punto de correrse. Le estaba volviendo loco con su boca. Y sin poder detenerse, le puso una mano en la cabeza y la separó. Ethan la ayudó a ponerse de pie y le dio la vuelta apoyándola de nuevo en la encimera.

Le abrió las piernas y sin decirle nada entró de una sola estocada. Sofía gritó en cuanto lo sintió. Ethan se pegó a ella y le habló al oído.

—*Nena.* —dijo con la voz estrangulada dándole una leve estocada y ella gimió—. No sabes lo que me haces sentir. —Se movió un poco más—. No puedo controlarme.

La agarró del pelo, le giró la cara y la besó al mismo tiempo que se empezó a moverse con más frecuencia. Empezó con un ritmo suave y fue subiendo la intensidad. Sofía no había sentido nada igual, nunca le había dado tanto placer.

No podía parar de gemir. El placer se le iba intensificando en un punto, que cada vez más intenso. Estaba a punto de estallar. E Ethan le estimuló el clítoris y no lo aguantó más.

Gritó, no pudo evitarlo.

Chilló su nombre.

Al escuchar su nombre en medio de su grito de placer, Ethan terminó también. Se separaron con la respiración acelerada.

Sofía se dio la vuelta y apoyó la espalda en la encimera. Ethan se le acercó y la besó muy suavemente mientras la acunaba en sus brazos.

— ¿Estás bien? —dijo mientras le acariciaba el cabello mientras la seguía abrazando.

—Sí. —afirmó acompañando sus palabras con un movimiento de cabeza. No estaba segura si le había escuchado ya que apenas era capaz de articular palabra.

—Si necesitas que pare dímelo, no quiero lastimarte. —Le besaba el cuello mientras le hablaba.

—No te preocupes. —Sofía se puso de puntillas y le besó. Se dirigió al baño a asearse.

Al salir del baño Ethan se había puesto la ropa por lo que ella hizo lo mismo. Calentaron la cena y se dispusieron a dar cuenta de ella.

—Está muy bueno. Eres una gran cocinera.

—Gracias. Siempre me ha gustado mucho cocinar. —Cuando vivía con su madre se pasaba tardes enteras en la cocina preparando recetas nuevas.

Siguieron cenando mientras charlaban. A cada minuto que pasaba más cómodos el uno con el otro. Una vez dada buena cuenta de la comida, llevaron los platos a la cocina con los platos sucios y no pudieron evitar acordarse de lo que había pasado un rato antes.

Los limpiaron entre bromas y jueguecitos que les llevaron a la cama, donde siguieron jugando hasta bien entrada la madrugada.

Ethan se despertó en mitad de la noche con la sensación de que tenía que hacer algo importante. Cuando se dio cuenta de dónde estaba supo lo que era. Pero se sentía tan bien en la cama al lado de Sofía que decidió quedarse a su lado un poco más.

Se tumbó y se volvió a abrazar a Sofía. Y se durmió enseguida.

14

Eran las nueve de la mañana cuando el teléfono de Sofía empezó a sonar. Se despertó un poco aturdida y fue a buscarlo a la mesa donde lo dejó la noche anterior pero no estaba. Siguió el sonido de la melodía y la llevó hasta el mueble de la televisión. No se acordaba de haberlo dejado ahí. Pero sin darle mayor importancia respondió la llamada sin mirar quien era.

— ¿Sí? —De fondo se oía mucho ruido.

— ¡Hija! Soy yo. —Era su madre, tan oportuna como siempre. No había día que la llamara que no estuviese durmiendo.

—Hola mamá. Dime. —Sofía volvió a la cama y se tumbó. Ethan se despertó también al escuchar la melodía, por lo que, en cuanto ella volvió la abrazó.

— ¿Te he despertado? —Ethan se pegó a su cuerpo y Sofía se relajó.

—Sí. —No pudo decir nada más, dado que la erección matutina de Ethan la distrajo.

—Pues prepárate que dentro de poco llegamos. —Sofía estaba concentrada en la que estaba haciendo Ethan con su mano en su pecho, por lo que no asimiló lo que dijo su madre, todo lo rápido que debería

— ¿A dónde? —Ethan le estaba besando el cuello mientras bajaba una mano a su entrepierna.

—A dónde va a ser, a tu casa. —En cuanto lo escuchó fue como un jarro de agua fría encima. Se levantó corriendo, desenredándose rápidamente de los brazos de Ethan.

— ¿Qué? ¿Cómo? ¿Quiénes? —Preguntó al borde de un ataque de nervios.

—Tranquila. Hemos venido tu hermano y yo a hacerte una visita. Ahora mismo nos subimos en el taxi. Tardaremos unos treinta minutos.

No se lo podía creer. Su madre y su hermano habían viajado hasta Londres para hacerle una visita. No podían haber sido más oportunos. Al menos llamaron antes de llegar. Salió de la cama y recogió la ropa de Ethan. Cuando la tuvo toda se la dio y se puso su camiseta de estar por casa.

—Toma. Tienes que irte. —Ethan estaba bastante sorprendido por su comportamiento brusco.

— ¿Qué ocurre? —preguntó mientras se pasaba la camisa por la cabeza.

—Mi madre y mi hermano están de camino. —Quitó las sabanas y las llevó a la lavadora. Y a su regreso, cogió un ambientador del baño y roció por toda la casa.

— ¿De camino? ¿Pero no vivían en España? —Ahora sí que no entendía nada.

—Sí. Visita sorpresa. Y lo que menos necesito es que te encuentren aquí.

— ¿Por qué no quieres que me encuentren aquí? —Ethan no entendía cuál podría ser el problema

—Digamos que mi madre no es muy liberal. —ijo Sofía esperando que Ethan entendiera el significado de la frase.

—Bueno, ya eres bastante mayorcita para acostarte con alguien si quieres, ¿no? —Ethan se estaba poniendo la ropa poco a poco, postergando el momento de salir del apartamento.

—El problema no es que yo me acueste con alguien, sino que lo haga contigo. —Sofía se estaba poniendo nerviosa. No quería ofenderle, pero debía explicarle el pensamiento de su madre.

— ¿Conmigo? Si no me conoce... —Ahora sí que estaba sorprendido.

—No hará falta créeme. Con solo echarte un vistazo te descartará automáticamente como yerno.

—Sigo sin entenderlo, lo siento. —Se encogió de hombros.

—Digamos que no le gusta que me relacione con hombres del país de tu padre. —Ethan, durante la cena, le había contado la historia de amor de sus padres.

Sofía puso unas sábanas limpias en la cama, intentando no cruzar su mirada con Ethan. Se acercó al armario y eligió rápidamente la ropa que se pondría después de darse una ducha.

Ethan se sentía bastante aturdido. Durante toda su vida había tenido problemas por tener familia africana, por tener ese tono de piel tostado tan particular de los mulatos. Pero en ningún momento pensó que pudiera tener problemas con Sofía, o con alguien de su familia. Decidió vestirse en un momento e ir al baño a asearse antes de partir.

Antes de que entrara Sofía le agarró de la mano.

—Lo siento. A mí no me importa, pero no puedo cambiar la forma de ser de mi madre.

—No te preocupes, no es tu culpa. —Se encogió de hombros y entró en el baño.

Ethan se enfrentó al espejo. Había intentado aparentar normalidad delante de Sofía, pero en el fondo, estaba dolido. Nunca terminaría esos prejuicios hacia él, tan solo por ser fruto del amor de dos personas, de diferentes países y raíces.

Mientras tanto, ella se paseó por el apartamento para cerciorarse de que todo estaba en su sitio. Cuando Ethan salió del baño se acercó a ella por detrás y la abrazó.

—Me voy. —le susurró al oído—. ¿Cuándo te vuelvo a ver? —Le encantaba cuando le hablaba en susurros.

—No lo sé. Ni siquiera sé el tiempo que van a pasar aquí. —Esperaba que no mucho.

—Vale. Llámame. —Susurró mientras se centraba en un punto en su cuello con los labios—. Avísame cuando puedas volver a quedar. Esperaré ansioso.

Sofía se giró y se besaron salvajemente. No sabían con exactitud cuándo se volverían a ver, por lo que dejaron fluir la ansiedad que sentían en aquel beso. Cuando ya estaban sin respiración se separaron e Ethan se dirigió a la puerta para irse. Tras un rápido adiós, él salió.

Al verlo salir se dirigió al baño. Se duchó y se vistió. Después de la noche que había pasado Sofía estaba muerta de hambre. Así que, se preparó un buen desayuno. Y mientras estaba sentada en la mesa para degustarlo llamaron al timbre. Salió corriendo hacia la puerta aunque la interrupción de esa mañana le había molestado, estaba deseando ver a su familia.

En cuanto abrió la puerta se tiró a los brazos de su madre. Era la primera vez que pasaban tanto tiempo separadas y aunque no era una mujer dada a demostrar afecto, después abrazó a su hermano. Entraron en el apartamento y se dirigieron al sofá.

Sofía se llevó a allí lo que le quedaba del desayuno junto con unas tazas de café para ellos.

— ¿Cómo es que habéis venido? —Nunca se hubiera esperado una sorpresa de este tipo.

—Mamá tenía ganas de verte y se nos ocurrió darte una sorpresa. —Se encogió de hombros.

—Me alegro un montón de veros. ¿Pero dónde os vais a quedar? Por qué esto es muy pequeño para los tres. —les dijo mirando alrededor.

—No te preocupes. Hemos reservado una habitación en un hotel cerca de aquí. —Señaló en la dirección en la que se encontraba.

— ¿Por cuánto tiempo venís? —Estaba muy emocionada. No se le iba la sonrisa de la cara.

—Tres días. —Se terminaron el café—. Espero que nos enseñes muchas cosas.

—Espero que así sea. Voy a llamar a la oficina a ver si me dan unos días libres.

Cogió su teléfono y tras marcar el número de la oficina, presionó la extensión de dirección. La llamada fue atendida por su secretaria. Tras una breve explicación, le pasaron la llamada.

Desde que llegó a Londres se había llevado muy bien con Joseph. El segundo día de trabajo le comentó que le habría sorprendido mucho que pasara por las oficinas el día antes de incorporarse, ya que era algo que no era algo muy frecuente.

Cuando se puso al teléfono le informó de la situación. El viaje de sus familiares a la ciudad, la necesidad de tener alguno de los días que ellos iban a estar en la ciudad para poder disfrutar de su visita. Encantado le otorgó los tres días libres. Las campañas estaban bien encauzadas y las negociaciones con los joyeros estaban en punto muerto. Así que de momento, no tenia de que preocuparse.

Una vez colgó el teléfono, se dispusieron a hacer unos cuantos planes para los días que iban a pasar juntos.

—Os acompaño al hotel. Dejáis las maletas y organizamos lo que vamos a ver durante estos días.

De camino al hotel compraron un mapa de Londres en un kiosco. Preguntaron a la dependienta si les podía señalar los sitios imprescindibles para visitar. Les había indicado bastantes, por lo que, deberían planear rutas por día para aprovechar al máximo.

Al llegar al hotel, el recepcionista les dio las llaves de su habitación. En una mesa al lado del ascensor encontraros una serie de panfletos y entre ellos había un mapa del metro.

En cuanto llegaron a la habitación planearon los tres días con la ayuda del mapa y el plano del metro. Les esperaba por delante tres días de madrugar y caminar. Al ser un pelín tarde, para ir lejos de su zona, decidieron visitar algo cercano.

Partieron hacia el *Palacio de Buckingham*. Debían tomar el metro hasta la parada *Hyde Park* y pasear hasta encontrarse el palacio. Sobre las once y media de la mañana realizaban el cambio de guardia y llegaban a buena hora.

Pasaron entre las personas que ya estaban esperando hasta llegar al enrejado del Palacio. A su hora en punto empezó, después de haber formado filas la guardia real, comenzó a sonar la banda de música militar, situada detrás de la guardia y empezaron a caminar. A los pocos pasos se pararon y la música cesó. A los segundos empezó otra vez y realizaron el recorrido.

Sofía nunca pensó que vería algo parecido. Durante el tiempo que llevaba residiendo en Londres apenas había hecho turismo. No disponía de mucho tiempo libre y el poco que tenía, últimamente, lo pasaba con Ethan.

Le impresionó bastante ver a la *guardia real* en persona, con su uniforme característico. Llevaban una casaca roja y un pantalón negro. Dependiendo del grado llevaban más o menos galones en la pechera de la casaca. Todos portaban un arma y el conocido gorro alto de pelo.

Al terminar el cambio de guardia la gente se fue dispersando lentamente. Pusieron rumbo a *St. James Park*, aunque tardaron un poco en poder abandonar la zona, estaba lleno de gente, de diferentes nacionalidades, observando el evento.

Visitaron la *Abadía de Westminster*. La visita les llevó algo más de dos horas. Realizaron el recorrido con un audio guía que les iba explicando los detalles de cada zona. Se detuvieron en el rincón de los poetas donde descubrieron que estaban las tumbas y mausoleos de grandes genios de la literatura.

Sofía, como gran lectora que era, no pudo evitar fotografiar las tumbas de Charles Dickens y Williams Shakespeare entre otros. Mercedes, se quedó maravillada con la arquitectura medieval londinense. Prácticamente les obligó a visitar cada rincón.

Al salir de la abadía se dirigieron al *puente de Westminster*. De camino admiraron el *Big Ben* y el *palacio de Westminster* pero muy por encima ya que iban a la caza de algún lugar donde comer. De camino a *The London Eye*, la famosa noria de ciento treinta y cinco metros de altura encontraron un puesto de perritos calientes. Compraron uno para cada uno junto con una bebida y se sentaron en un banco a comer.

—Estoy molida. —Sofía llevaba mucho tiempo sin caminar tanto—. Voy a tener agujetas en las piernas las próximas semanas.

—No seas exagerada hija. —Los tres rieron. Sonó el pitido de un mensaje. Y Sofía se distrajo comprobando su móvil.

Hace solo unas horas que me fui de tu casa y ya quiero volver. Esta incertidumbre, de no saber cuándo te volveré a ver, me está volviendo loco. Dime que hoy tomaremos café.

Al leer el mensaje, Sofía sonrió sin darse cuenta. Ella también tenía ganas de verlo, pero no quería dejar tirados a su madre y a su hermano. No sabía muy bien si contestarle y el que. Porque no quería que pensara que estaba esperando algún tipo de contacto por parte de él. Pero por mucho que se dijera que debía esperar sabía que le contestaría al momento.

Lo siento. Estamos haciendo turismo por la ciudad y no sé cuándo llegaré a casa. Y cuando lo haga estaré tan agotada que no valdré para nada.

Mientras Sofía intercambiaba los mensajes con Ethan su madre y su hermano se percataron de su sonrisa bobalicona y ataron cabos.

—Sofía ¿tienes algún pretendiente? —Quiso saber su hermano.

—No, ¿por qué lo preguntas? —Se encogió de hombros intentando disimular su nerviosismo.

—Por la sonrisilla tonta que tienes en la cara.

Sofía se quedó sin saber muy bien que decir. Al segundo, sonó otra vez el móvil y tras comprobar que era Ethan miró a su hermano sonriendo.

—No es nada serio. Simplemente somos amigos y nos divertimos. —Realmente, no les estaba mentido.

—Parece que hay algo más por lo que veo en tu cara. —Su madre siempre le buscaba pretendientes en todos los hombres que le sonreían.

—Qué va. —Cuando dejaron el tema. Sofía fue corriendo al leer el mensaje.

Nena si no tienes fuerza no te preocupes, que yo puedo hacer todo el trabajo. Simplemente disfruta de lo que te dé.

Con solo leer ese mensaje le empezó a subir la temperatura. Con solo imaginarse tumbada e Ethan entre sus piernas dándole placer se excitó.

Y ahora qué debía contestarle.

— ¿Tenías planes hija? ¿Hemos interrumpido algo? —Era extraño que no hubiese dicho algo antes.

—No mamá. Simplemente nos vemos de vez en cuando. —Se encogió de hombros.

—Llámalo y quedáis si quieres. Nosotros seguimos solos. Además no debes agotarte mucho que en unos días vuelves al trabajo. —Su madre siempre había sido muy comprensiva.

—No te preocupes. Venga, sigamos. —Se pusieron en marcha otra vez y se olvidó de contestarle.

—Solo espero que no sea uno de esos que llevan los pantalones anchos, collares de oro y camisetas tres tallas más grande…

—No, mamá. —Sofía pensó que sería mejor dejar el tema.

Hicieron cola para montar en la noria. Cuando al fin lo consiguieron se quedaron impresionados por la maravillosa vista panorámica de Londres. Al terminar el recorrido volvieron a *Picadilly* en busca de un establecimiento para cenar.

Mientras paseaban, Mercedes estaba impresionada por las luces y tiendas que había en todas partes. Podías encontrar gente de muchos tipos, desde personas que volvían del trabajo con trajes de chaqueta y maletines, hasta chicas que iban a la moda y se desplazaban a cenar a los locales más visitados y después iban a tomarse unas copas a los pubs.

Aunque había algo que todos tenía en común, iban caminando como si no hubiera nadie más por la calle. Debías ir esquivando gente si no querías chocarte constantemente.

Volvió a sonar el teléfono de Sofía. Y su hija se paró para poder leer un mensaje.

Nena, no puedo concentrarme en nada. Solo puedo pensar en ti.

Apenas acababa de leerlo cuando volvió a sonar.

Nena, sé que soy pesado pero te deseo. No voy a poder dormir si no te tengo entre mis brazos.

Leyó los mensajes y guardó el teléfono. Durante el tiempo que estuvo en la noria y comiendo le dio vueltas a los que le había enviado antes que estos dos. Tenía ganas de poder verlo, pero no quería dejar tirada a su familia. Por lo que aguantaría sin verle los días que ellos estaban de visita.

Entraron en un local de comida rápida en el que pidieron unas hamburguesas patatas fritas y aros de cebolla. Al terminar Sofía acompañó a Alberto y Mercedes al hotel. Se despidieron hasta el día siguiente. Estaban agotados, así que no quisieron tomar una copa por ahí cerca. Aunque en el fondo Sofía pensó que se fueron temprano para darle vía libre con Ethan.

Al quedarse sola no pudo evitar pensar en él. Pensó en llamarle para que viniera a casa por muy cansada que estuviera. Pero su teléfono sonó antes de que tuviera oportunidad de hacerlo, lo extrajo del bolsillo y contestó sin mirar.

— ¿Diga?

—*Nena*, no me has contestado en toda la tarde. —Con solo escuchar su voz le subió la temperatura corporal.

—He estado ocupada, lo siento.

—Pensaba que no te interesaban mi propuesta. —Sofía soltó una carcajada.

—Créeme, si no me interesara, te habrías enterado. —Le habría mandado a la mierda muy pronto.

— ¿Dónde estás? —Su voz tenía ese deje ronco que le volvía loca.

—Voy de camino a mi apartamento. Acompañé a mi madre y a mi hermano hasta hotel.

—Dime qué quieres que vaya esta noche. Que quieres que te de placer de todos los modos en los que he imaginado dártelo. —Entre su voz y la proposición que acababa de hacerle estaba empezando a excitarse.

—Mmmm. —Suspiró exageradamente—. Es muy difícil negarse a la propuesta que acabas de hacerme. —llegó a su portal, abrió la puerta y subió lentamente por la escalera.

—No lo hagas, *nena*. —Sofía se estaba derritiendo por dentro.

—Mañana tengo que madrugar. —Intentaba convencer a sí misma más que a él.

—Te prometo que pararé cuando me lo pidas. Te dejaré dormir.

—Ese es el problema. Que una vez que empieces no querré que pares.

15

Unos golpes fuertes sonaron en la puerta. Sofía abrió y lo vio. Ahí estaba Ethan, más atractivo que cualquier otro día, si es que eso era posible.

Se quedó mirando el móvil como una tonta.

Ethan entró y cerró la puerta. Y Sofía empezó a respirar más rápido mientras veía como Ethan se iba acercando. Dio unos pasos atrás pero él le alcanzó. Le colocó una mano en la nuca mientras se miraban a los ojos y la acercó hacia él.

Cuando la tuvo dónde quería le rozó los labios con la ayuda de los suyos. Sofía no pudo evitar humedecérselos. Cuando lo hizo rozó con su lengua los labios de Ethan, que aún estaban muy cerca.

Los dos gimieron a la vez.

Eso fue lo que necesitaron para devorarse el uno al otro. Para devorarse y amarse hasta bien entrada la noche.

Esa noche a diferencia de otras durmieron abrazados.

Ethan cayó rendido en cuanto se acostaron. Pocas horas después se despertó recriminándose haberse dormido sin haber mirado en la bolsa del trabajo. Comprobó la hora en el despertador situado en la mesilla. Aún disponía de algunas horas para que sonara. Se levantó con mucho cuidado de no despertar a Sofía y se dirigió a la cocina. Sirvió un vaso de agua y caminó en silencio hasta el comedor.

Se sentó en el sofá y ojeó todos los papeles. Escuchó cómo se movía su amante en la cama y rápidamente guardó los papeles y simuló que estaba sentado bebiendo de su vaso.

— ¿Qué haces levantado? —le preguntó una somnolienta Sofía.

—No podía dormir y me levanté para no despertarte. —Se encogió de hombros.

—Si quieres yo puedo hacer que te relajes y te duermas —Sofía terminó de despejarse.

— ¿Sí? ¿De qué manera? —Ethan se levantó del sofá completamente desnudo y se acercó a ella.

—Vayamos a la cama y te lo enseño.

Le agarró de la mano y tiró de él hasta llegar al dormitorio. Cuando le tuvo donde quería le empujó sobre la cama, le miró con deseo y se acercó a él. Observó como el cuerpo de Ethan se iba calentando. Se sentó a horcajadas encima de él y empezaron a besarse.

Ya no pararon hasta el alba.

A las ocho sonó el despertador y Sofía lo apagó sin darse cuenta. Siguieron durmiendo bien profundo hasta que unos golpes en la puerta les despertaron. Ethan los escuchó pero era incapaz de precisar de donde provenían, por lo que se levantó se puso los calzoncillos y fue a averiguar quién estaba armando tanto alboroto.

Al abrir la puerta quien se llevó la sorpresa fueron los que estaban afuera.

— ¿Se puede saber qué manera es esa de tocar la puerta? —inquirió cuando abrió.

— ¿Este es el apartamento de Sofía? —preguntó Alberto, el único que sabía inglés.

—Sí. ¿Y quién eres tú? —le preguntó con una actitud muy chulesca.

—Yo debería preguntarte lo mismo. —Alberto igualó el tono de voz al suyo. Mercedes no sabía muy bien que estaba pasando.

—Ya, pero yo te pregunté primero.

—Soy su hermano. ¿Y ahora me vas a decir quién eres y qué haces en la casa de mi hermana? —Estaba a punto de entrar y gritar llamando a su hermana, pero se contuvo— ¿Desnudo?

—Soy su chico y lo que hago aquí creo que es evidente, ¿no? —Se señaló el cuerpo desnudo excepto por la ropa interior—. Entrar voy a despertarla.

Alberto y Mercedes entraron y esperaron sentados en el sofá, estupefactos. El hermano, se reía por dentro, por lo cómico de la situación ya que su hermana siempre había sido muy correcta y nunca le habían encontrado en una situación parecida.

Por otro lado, Mercedes estaba bastante cabreada. Su hija se estaba acostando con alguien, que ella no aceptaba, por mucho que Sofía intentase convencerla. Ella era muy clásica para las parejas. No le gustaban las parejas de diferentes etnias.

Ethan cerró la puerta y se dirigió con mucha parsimonia al biombo que separaba el comedor de la cama. Cuando pasó se encontró con una imagen muy sexy, lástima que tuvieran público.

Sofía estaba tumbada boca arriba con el cabello esparcido por la almohada. La sábana le llegaba a la cintura, dejando su pecho al descubierto y estaba aún sonrosada del sexo que habían practicado.

Al mirarla notó un tirón en la entrepierna.

Se sentó en la cama y le pasó un dedo por la frente, recorriendo su cara hasta llegar al ombligo. Ella suspiró en sueños. Le acarició un pecho y dijo su nombre para despertarla. Rápidamente se le erizaron los pezones. Sin poder resistirse y se llevó uno a la boca.

Sofía estaba teniendo un sueño muy erótico. No quería despertarse estaba sintiendo mucho placer. Poco a poco se fue despertando y el placer se fue intensificando. Sus ojos se abrieron para encontrar a Ethan con uno de sus pezones en la boca.

Le agarró la cabeza para hacerle saber que estaba despierta y dispuesta a seguir con la maratón nocturna.

—Te has quedado dormida. Pensé que debía despertarte. —Sofía se desperezó.

— ¿Qué hora es?

—Las diez de la mañana.

— ¡¿Qué?! —Se sentó de golpe—. Había quedado con mi madre y mi hermano a las nueve. —Se levantó y fue al armario que estaba junto a la cama.

—Eso quería decirte, están en el comedor. —Sofía se quedó paralizada donde estaba.

— ¿Perdona? ¿Están en el comedor? ¿Me estabas chupando un pezón estando ellos ahí? —Su respiración se aceleró, se estaba empezando a cabrear.

—Te estaba despertando. —Ethan se encogió de hombros. No entendía muy bien la razón de su enfado.

— ¿Y cómo han entrado? —Intentando distraerse, se empezó a vestir. No quería imaginarse el cabreo que debería tener su madre.

—Me despertaron con los golpes que estaban dando en la puerta. —Sofía se giró y le miró con cara de cabreada.

—Será mejor que te vayas. Yo te llamaré, ¿me oyes? No estés todo el día mandándome mensajes.

— ¿Te has enfadado? —Ethan estaba terminando de vestirse.

—Sí, lo estoy. ¿No se nota? —Sofía sabía que él no tenía la culpa de la situación en la que se encontraba, pero era la persona que tenía delante en ese momento y estaba pagando con él su mal humor.

—Creo que será mejor que me vaya. No quiero que nos digamos algo de lo que luego podamos arrepentirnos.

Sofía se sentó en la cama una vez vestida. No se atrevía a salir de detrás del biombo. Nunca le habían pillado en una situación tan embarazosa y ahora a sus veintiocho años su madre ha entrado en su apartamento por qué su amante de turno le ha abierto la puerta.

Se armó de valor mentalmente y salió. Saludó a su madre y su hermano. Y se dirigió al baño para asearse un poco antes de salir. Mercedes no sabía muy bien que había pasado por lo que le pidió a su hijo detalles. Alberto no había entendido mucho la conversación por que hablaron bastante deprisa, pero con lo poco que entendió pudo hacerse una idea general de lo que había ocurrido.

Le explicó a su madre lo que él creía que había pasado mientras Sofía estaba en el baño.

Sofía por otro lado estaba postergando un poco el momento de salir. Ya no le quedaban más cosas por hacer, hasta se había cepillado dos veces los dientes. Se decidió y salió a afrontar la situación.

— ¿Has pasado buena noche? —preguntó su hermano con un poco de recochineo.

—No creo que eso sea asunto tuyo. —Entró en la cocina y se hizo un café. Mientras se hacía preparó un plato de fruta para acompañarlo.

—La verdad es que no, pero te quería hacer pasar un mal rato. —dijo Alberto soltando una carcajada.

—Gracias. —Se giró y le dedicó un corte de mangas—. Por cierto, ¿qué hacéis aquí? —tomó la tazo y el plato y se sentó en la barra americana.

—Te estuvimos esperando y como no venías decidimos pasar por aquí por si te habías dormido. —Esta vez respondió su madre para que supiera que había sido decisión suya.

—Debí apagar el despertador sin darme cuenta. —Comentó mientras le daba un mordisco a un trozo de manzana—. ¿Qué planes tenemos para hoy?

—No intentes cambiar de tema. ¿Se puede saber qué hacías con él?

—Mamá, creo que es bastante evidente lo que hacía. —Seguía tomando su desayuno ya que estaba hambrienta por el ejercicio nocturno.

— ¿Y por qué? —Sofía miró a su madre sin saber muy bien que decirle.

—Pues por qué me gusta, mamá. —Alberto, deslizaba la vista de una a la otra, sin perderse ningún detalle.

—Sabes muy bien lo que siento por ellos. —Mercedes intentaba no decirlo en todo despectivo, pero no pudo reprimirlo del todo.

—Lo sé muy bien mamá, pero yo no siento lo mismo. —Esto mismo, ya se lo había comentado varias veces, con anterioridad.

—Menos mal que te quedan cinco meses y después vuelves a casa. Si sigues aquí más tiempo te descontrolarás.

—Creo que ya soy suficiente mayor para saber con quién puedo acostarme y con quién no. Por mucho que a ti no te gusten sus raíces. —Sofía ya empezaba a enfadarse. Sería mejor que cambiaran de tema.

—Dejémoslo, venga. Hemos venido a pasarlo bien. —Su hermano siempre era el árbitro de sus discusiones—. Mamá, deja que haga lo que quiera.

—No puedo. Es mi hija, y aunque ya viva sola, siempre le daré mi opinión.

— ¿Qué vamos a hacer hoy? —Dijo Sofía dando por finalizado el tema anterior.

—Pues habíamos pensado pasar el día en *Harrods* y alrededores. —Su madre se moría por visitar el centro comercial para ir de tienda en tienda.

—Muy bien, estoy lista. Vamos.

Y partieron hacia el centro comercial.

16

Ethan salió del apartamento y se fue al suyo, a darse una ducha y cambiarse de ropa. Estaba tentado a tomarse la mañana libre ya que se sentía bastante agotado. Pero lo mejor sería ir a la oficina para utilizar la información que pudo leer la noche anterior. No pudo ojearla por completo, pero por suerte las que si leyó fueron de provecho. Después descansaría toda la tarde.

Al llegar al trabajo fue directo a su oficina. En el escritorio, dentro de su carpeta correspondiente, tenía una copia del contrato que les habían ofrecido a los diseñadores de joyas. Lo leyó de arriba abajo y lo comparó con el que leyó ayer en casa de Sofía. El de la competencia tenía ciertos puntos mejores que el suyo. Debía sugerir a sus jefes algunas mejoras en sus condiciones.

A parte del contrato, había encontrado unas notas sobre las ideas generales sobre la campaña pero apenas leyó las dos primeras frases. Lo buscaría el próximo día que fuese a su casa.

Últimamente estaba pasando demasiado tiempo con ella. Cuando Ethan ideó su plan se imaginó que en una o dos noches como mucho habría podido leer toda la información o sustraérsela. Pero al parecer a Sofía Campos no le gustaba llevarse el trabajo a casa. Y cuando por fin aquella noche había conseguido encontrar algo y lo tenía en su poder Sofía se despertó y le distrajo, dejándole con la miel en la boca.

Aunque para miel su sabor y su olor.

Olía a flores, como a rosas pero mezclado con algo más dulce. Cada vez que olía su fragancia le volvía loco. No podía mentirse, le atraía mucho, sobretodo sexualmente.

Habían llegado a un punto en el que existía una compenetración entre ellos. Él sabía en cada momento. Sabía lo que tenía que hacer.

Para darle placer.

Para hacerle gritar.

Para sentir sus uñas por su espalda.

Sería mejor que alejase esos pensamientos de su cabeza por el momento, no podía permitirse distraerse. Solucionaría el tema del contrato y se iría a descansar.

Llamó al gerente y le comunicó que debían hablar con urgencia. Éste tenía un hueco libre diez minutos después así que cogió una copia del contrato que ellos habían redactado y puso rumbo hacia su oficina. Una vez allí esperó hasta ser recibido.

En la reunión, le explicó sus ideas, los diferentes puntos que se podrían mejorar para ofrecer un contrato más atrayente y así quitarles el cliente a *J M Marketing*. Su jefe escuchó paciente hasta que Ethan terminó su discurso. Cuando acabó le comunicó que primero debería reunirse la junta directiva para valorar su propuesta antes de dar su visto bueno.

Ethan contento por lo que había conseguido se volvió a su oficina. Después de esto se merecía su deseado descanso.

Se dirigió a su apartamento. Se quitó el traje y se puso ropa cómoda. Y se tumbó en la cama para poder dormir unas horas.

Pero desde el primer momento en el que se tumbó en ella el recuerdo de la noche que pasó allí con Sofía le impidió conciliar el sueño. Sofía era pura pasión. Era una pena que tuviera que engañarla de esta manera. Una vez que consiguiera la información no tendría excusa para verla.

Cuando se dio cuenta que sería imposible dormir con su olor impregnando las sábanas decidió ponerse un chándal y se fue al gimnasio a soltar adrenalina, a ver si, agotándose al extremo caía rendido.

Después de dos horas machacándose, estaba cansado física y mentalmente, por lo que se fue a las duchas. En ninguna de las horas y minutos que pasó allí pudo quitarse a Sofía de la cabeza. Su olor se le había impregnado en la piel y no hacía más que olerla por todas partes.

No entendía por qué pensaba tanto en ella. No cabía duda de que el sexo entre ellos era genial, pero de ahí a no dejar de pensar en ella… se iba a volver loco. Salió del gimnasio y antes de entrar en el coche hizo una llamada.

—Hola abuela. —Hacía demasiado tiempo que no disfrutaba de un buen rato con su abuelo.

—Hola cariño. —Su abuela era una mujer muy dulce—. ¿Vienes a comer?

—Vale, aprovecharé para hablar con el abuelo.

—Vosotros y vuestros trapicheos. —Era normal que los regañara por tener secretos con ella—. Nos vemos en casa cariño.

Se subió a su coche y condujo hasta casa de su abuelo. Una vez aparcó comprobó el móvil, de nuevo, por millonésima vez ese día. No tenía ninguna llamada ni mensaje de Sofía. Necesitaba volver a verla esa noche para conseguir más información.

Guardó el teléfono y salió del coche. Tocó el timbre y Tina le abrió la puerta. No había ni cruzado cuando apareció su abuela y le abrazó y besó como si hiciera un año que no se veían.

—Espero que vengas con hambre por qué he hecho mucha comida. —A pesar de tener a Tina con ellos para ayudarles, Caroline, la abuela de Ethan, cocinaba cada día.

—Acabo de salir del gimnasio. Ahora mismo me comería una vaca entera, sin cocinar. —Se acarició la barriga para dar énfasis a su afirmación.

—Anda, pasa al comedor. Voy a buscar a tu abuelo.

Ethan fue al comedor. Cuando su abuelo era el director en funciones de la empresa donde trabajaba conoció mucha gente. Solían celebrar muchas cenas con los socios, algunos clientes o conocidos influyentes por lo que la casa tenía un gran salón con una de esas mesas alargadas en las que caben por lo menos veinte comensales. Las paredes estaban repletas de fotografías familiares y de sus antepasados.

La mesa ya estaba dispuesta para tres en uno de los extremos. Cuando su abuelo llegó y se fundieron en un sentido abrazo.

Se sentaron y comieron tranquilamente mientras mantenían una animada conversación. Del tiempo, de la familia, pero nunca de su trabajo y de la empresa. Era un tema tabú en esa casa. Al terminar, su abuela se fue a descansar y su abuelo y él se dirigieron a su estudio para tomar una copa.

Dando así pistoletazo de salida al momento de las confidencias y conspiraciones.

— ¿Qué tal en la empresa? —preguntó Bennet directo al grano.

—Bien, si consigo esta campaña tan importante seguro que me hacen socio. —Lo tenían todo perfectamente calculado.

— ¡Genial!

—Aunque tenemos un problema. —Dio un sorbo a su licor y lo dejó sobre la mesa—. *J M Marketing International* también va a por *Butler &Wilson*.

—Joder. Siempre tienen que ir detrás. —Bennett se estaba poniendo nervioso—. Dime que lo tienes controlado.

—Hace unas semanas me enteré de que trasladaban a Sofía Campos desde España…

— ¿Sofía Campos?

—Para que encauzara las campañas. —Ethan continúo sin prestar atención a la interrupción de su abuelo— Así que programe un encuentro ocasional y poco a poco me gané su confianza hasta que la seduje y fui a su casa. He buscado en su bolsa de trabajo cada noche pero no he encontrado nada que usar.

—Tienes que conseguir esa campaña hijo. —Se fue a la licorera y sirvió dos copas de whiskey con hielo. Y le tendió una a Ethan.

—Ayer por la noche encontré algo. —Bennet hizo un amago de hablar pero Ethan le detuvo—. Una copia del contrato. Tenía algunos puntos señalados. Los leí. Eran bastante interesantes así que esta mañana me reuní con el gerente para sugerirle los cambios.

—Bien hecho. En cuanto al enfoque de la campaña ¿averiguaste algo? —Bennet movía su copa haciendo sonar el hielo.

—En una hoja escrita a mano habían muchas ideas anotadas pero solo alcancé a leer las dos primeras, se despertó y no pude continuar leyendo. —Se encogió de hombros.

—Tienes que volver y conseguir esa hoja. —Su abuelo estaba muy emocionado por los avances.

—No sé. Su familia está de visita y no creo que la vea en algunos días. —Volvió a dar un trago a la copa. Y Suspiró cuando el recuerdo de Sofía le vino a la mente.

—Pues llámala. Dile que la echas de menos o cualquier tontería romántica.

—Ayer lo hice y casi me mandó a tomar viento de lo pesado que fui.

—Madre mía, ¿tanto te cuesta conseguirla? —Bennett estaba al tanto de las conquistas de su nieto.

—Aunque no me gusta reconocerlo. Sí, se me resiste. —suspiró—. Una vez que la tengo entre mis brazos se derrite... —Se acordó de ella y de su perfume. Y de nuevo, se excitó—. Pero le cuesta quedar conmigo.

—Si por la vía sexual no funciona, inténtalo por la romántica. Seguro que si la llevas a cenar a un sitio romántico se derrite.

—Lo intentaré. —Afirmó con la cabeza y sonrió. Se le acababa de ocurrir un lugar donde ir a cenar.

Siguieron charlando durante un buen rato más. Después de que su abuela volviera tras su descanso, aprovecharon para tomar el té los tres juntos. Al terminarlo se disculpó con sus abuelos pero ya era hora de volver a casa. Tenía a una española esquiva que conquistar.

17

Mientras se dirigía hacia su coche, el teléfono de Ethan sonó. Y descolgó sin mirar el remitente esperando desesperadamente que se tratara de Sofía.

— ¿Diga? —respondió tenso.

— ¿Qué pasa tío? No hay quien hable contigo. —La desilusión fue patente cuando al otro lado de la línea estaba Jacob su mejor amigo y compañero de fiesta.

— ¡Eh tío! He estado un poco ocupado. —Ethan se metió dentro del coche mientras hablaba y conectó el manos libres para poder conducir por la ciudad.

— ¿Y eso? No habrá sido una chica la que te ha tenido tan ocupado, ¿verdad? —Ethan y Jacob se conocían demasiado bien, sabía que la respuesta sería afirmativa.

—Puede ser. —no quería contarle todos los detalles de su relación con Sofía.

— ¿Quién es? ¿Alguien del trabajo? —Jacob siempre tan curioso.

—La conocí cerca de la oficina —no iba a decirle la verdad sobre su plan, conocía a su mejor amigo y acabaría convenciéndole de dejarlo—. Hemos quedado un par de veces.

—¿Hoy estas libre? Podríamos ir a cenar y tomarnos una copa. Así me cuentas más sobre tu nueva conquista

Ethan tenía pesado llamar a Sofía, aunque después de pensarlo un poco decidió dejar lo de la llamada para el día siguiente. Sabía que estaba enfadada y no quería que se alejara de él por ser demasiado insistente. Además le apetecía mucho salir con su amigo.

—Perdona. —interrumpió el monologo de Jacob que no había estado escuchando—. Estaba pensando en algunas cosas. Vale, nos vemos esta noche. ¿Cenamos dónde siempre?

—Claro. Nos vemos allí a las nueve.

Desde hacía años los viernes Jacob y él iban a cenar al *Social Eating House* un restaurante del *soho* bastante de moda. Y después iban a tomarse una copa a un local cercano.

El dueño era un amigo en común que siempre les dejaba pasar sin hacer cola y les invitaba a alguna copa de vez en cuando. Empezaban la noche juntos pero al final acababan separándose y yéndose, a casa, acompañados.

Una vez en su casa, se dispuso a descansar un rato antes de salir. Dejó las llaves, el teléfono y la cartera en la mesa del comedor y se tumbó en el sofá. En el respaldo había una manta así que se la echo por encima. Y se relajó en cuanto notó el calor.

Despertó a las siete y media, y se levantó rápidamente y duchó. Con la toalla en la cintura salió del baño y se dirigió al armario. Eligió unos vaqueros un poco desgastados, una camiseta de manga corta negra y una camisa de cuadros roja y negra encima. Se echó un poco de perfume recogió sus llaves, móvil y cartera listo para salir.

Decidió desplazarse hasta el restaurante en taxi, en el *soho* era muy difícil aparcar. Y así también podría tomar todas las copas que quisiera tranquilamente.

Se con Jacob en la puerta del restaurante y se fundieron en un abrazo masculino. Hacía varias semanas que no se veían. Así que aprovecharon para ponerse al día durante la cena.

—Bueno, cuéntame algo de tu chica. ——Jacob estaba ansioso por saber algo más de la chica que había tenido a su amigo tan ocupado.

—No hay mucho que contar. Entré en la cafetería de al lado de la oficina. La vi y me gustó. —omitiría que ya sabía quién era y que la había estado buscando—. Me senté en su mesa y me puse a hablar con ella. Seguimos viéndonos diariamente en la cafetería durante algún tiempo. Y cuando por fin aceptó ir a cenar conmigo, pues seguimos viéndonos y hasta ahora.

—Pero, ¿vais serio? —Era algo que a Jacob le pareció raro, Ethan nunca había ido en serio con nadie.

—No. Simplemente nos lo pasamos bien. —A Ethan no le gustaba ser muy vulgar cuando hablaba con los amigos.

—Vamos que follais.

—Yo no lo hubiera dicho más claro. —Jacob era mucho más directo que él hablando.

—¿Y cómo es en la cama? —Cuando quedaban después de haberse ligado a alguien a su amigo siempre le había gustado saber hasta el detalle más íntimo.

—Eso sí que no te lo voy a decir. Ya te he contado mucho. —Levantó la mano y pidió la cuenta a la camarera.

—¿Por qué no? –Sacó dinero de la cartera para poner su parte de la cena. Ethan se encogió de hombros. Y, de momento dejaron el tema.

Una vez liquidada la cuenta, salieron a la calle y caminaron las tres manzanas que les separaban del *The Ship*, el último local de copas que se había puesto de moda.

Al llegar, se encontraron con Micky en la puerta vigilando la fila para que no se colara nadie. Se saludaron y les dejó pasar.

The Ship, era un local con mucho ambiente. Cualquier día de la semana, estaba lleno. Una vez cruzaron la puerta el olor típico del humo prefabricado les golpeó con fuerza.

El local, contaba con tres barras: Una de frente dónde había dos chicas atendiendo; y las demás a los extremos donde había un chico y una chica. El centro lo ocupaba una pista de baile que estaba rodeada de mesas altas con taburetes. Y desde el techo colgaban unas jaulas con chicas bailando al ritmo de la música dentro de ellas.

Entre los extremos de las barras había pódiums donde bailaban *gogos* con trajes exóticos, que incitaban a la gente a bailar.

Como era de esperar se dirigieron a la barra del centro rodeando la pista de baile. Pidieron dos *gin-tonics*, se sentaron en un taburete y se dieron media vuelta para poder observar la pista de baile.

Normalmente Ethan estaría observando a todas las chicas de la pista para decidir cuál sería la que se llevara a casa esa noche. Pero esa noche no le apetecía buscar ningún ligue. De hecho, después de haberse bebido la copa tenía menos ganas aún.

En vez de observar a las chicas guapas y atractivas solo se fijaba en las parejas. La idea de llevarse a una desconocida a la cama perdía más su atractivo a cada momento que pasaba. Ethan suponía que con otra copa se le pasaría. Así que la pidió y se la tomó mientras seguía observando el ambiente. Jacob ya se había ido a la pista de baile, detrás de una muchacha jovencita rubia que le sonaba mucho...

Cuando casi había terminado la tercera copa se acercó su amigo con su ligue a pedir una copa. Cuando la chica le vio se le quedó mirando.

—¿No vas a presentarme a tu amigo? —preguntó la muchacha mientras se acercaba más a su amigo.

—Sí, perdona. Ethan ella es Stacy. Stacy este es Ethan mi mejor amigo. —Ethan seguía dándole vueltas, intentando averiguar de qué le sonaba.

—Sabía que eras tú. —Ethan la miró con atención al escucharla—. Soy Stacy, la secretaria de Sofía. —La miró en silencio durante unos instantes. No esperaba encontrarse a nadie que tuviera que ver con ella.

—Ahhh... por eso me suenas. —Le sonrió. Ella le devolvió la sonrisa y dio un sorbo a la bebida, que acababa de tenderle Jacob, mientras ellos hablaban.

Y enseguida la feliz pareja quiso volver a la pista de baile.

Un rato Ethan aburrido y decidió volver a casa. Las copas le habían afectado un poco, así que tomó un taxi que le dejó en su apartamento.

Un poco embotado por el alcohol, decidió darse una ducha fría para que le despejara la cabeza. Y tras el revitalizante baño, al tumbarse en la cama empezó a notar una sensación rara. Una desazón. No podía dejar de pensar en lo que vivió en esa cama con ella. No podía quitársela de la cabeza.

Dio vueltas de un lado a otro intentando dormir mientras pasaban las horas y se acercaba el alba.

Cansado de no poder pegar ojo. Se puso un chándal y salió a correr para ver si podía agotarse. Corrió sin rumbo. Dejó que sus pies le guiaran por la ciudad. Y solo cuando aparecieron las primeras señales de cansancio paró.

Observó su entorno para ubicarse y saber dónde se hallaba, hasta que vio algo conocido y consiguió ubicarse. Extrajo el móvil del bolsillo y envió un mensaje. Después deshizo el camino hecho.

18

El día de compras con su madre había sido agotador. Sofía estaba hecha polvo. Hacía aproximadamente diez minutos que había llegado a su apartamento del que había salido a las diez de la mañana; y ya era bien entrada la noche. Su madre se había vuelto loca comprando. Compró desde ropa para ella y su hermano hasta regalitos para todos los amigos y vecinos.

Entraron en todas y cada una de las tiendas, sin importar lo que se vendía dentro. Dieron una vuelta dentro de cada una y observaron hasta el más mínimo detalle. Para de almorzar se sentaron en una cafetería y comieron un sándwich con un batido. Descansaron los pies un rato hasta que Mercedes se impacientó y volvieron a la carga.

Una vez que se recorrieron los grandes almacenes de punta a punta fueron a conocer los alrededores. Volvieron a *Hyde Park* y tomaron un café de un puesto ambulante. Ya que se les había hecho tarde, decidieron volver al hotel dónde se hospedaban. En la esquina antes de llegar, se detuvieron a cenar en una hamburguesería.

Cuando terminaron de cenar volvió a casa completamente agotada. Así que, después de pensarlo un poco, aquel era un buen día para darse un baño. El apartamento en el que vivía era bastante pequeño pero por suerte, el dueño había decidido instalar una bañera.

En España no solía darse baños de espuma ya que la bañera de su piso era demasiado pequeña. Pero esta era del tamaño perfecto. Abrió el grifo y mientras esta se llenaba, se quitó la ropa y se desmaquilló.

Incorporó al agua sales de rosa y se sumergió. En cuanto su cuerpo notó el agua caliente empezó a relajarse. Tanto que casi se durmió. Salió una vez que el agua se quedó fría, se puso el albornoz y se sentó en el sofá para ver algo en la televisión.

En ese momento, cuando su mente tuvo por fin un descanso, el recuerdo de Ethan apareció para perturbar su calma. No había hablado con él, ni siquiera habían compartido mensajes y aquello era algo muy raro. Llevaban varios días seguidos durmiendo juntos y en contacto constante durante el día. Y aunque aún seguía algo enfadada por como la había despertado esa mañana, se le pasó por la cabeza mandarle un mensaje, pero sabía que si lo hacía, él terminaría en su casa y en su cama esa noche y no dormirían nada.

Necesitaba descansar así que, con mucho esfuerzo, se contuvo y no le dijo nada.

Poco después de encender la televisión, sus ojos empezaron a cerrarse. Se fue a dormir antes de hacerlo en el sofá y levantarse con el cuello fatal.

Al apoyar la cabeza en la almohada y taparse con la sabana, le vino el olor al suavizante de la ropa. Consiguió que se relajara y quedarse dormida casi al instante.

Al amanecer, su teléfono sonó interrumpiendo un sueño erótico con Ethan. Abrió los ojos adormilada de manera mecánica, abrió el mensaje que le había llegado.

Esta noche no he podido pegar ojo, porque tú no estabas en mi cama. He salido a correr y mis pies me han traído hasta tu casa. ¿Qué me está pasando?

Fue corriendo a la ventana y lo vio desaparecer a lo lejos. Nunca podría confundir ese cuerpo y menos con ropa tan ajustada.

Sofía no sabía que debía hacer ahora. ¿Le contestaba o no? Como podía ser que le echara tanto de menos de repente, no tenía sentido. Prefirió no pensar demasiado en ello y dormir algunas horas más.

Pero no durmió demasiado ya que sobre las ocho y media le sonó el teléfono de nuevo.

— ¿Sí? — contestó adormilada.

—Sofía, despierta. —le gritó Stacy—. Tengo muchas cosas que contarte.

— ¿No podías llamar a una hora en la que la gente no este durmiendo? —tenía la impresión de que acababa de cerrar los ojos.

— ¡No! Tiene que ser ahora antes de que salga hacia el trabajo. —de fondo se escuchaba un ruido de llaves y una puerta cerrándose.

—Venga dime ¿Por qué estás tan eufórica? –Se sentó en la cama para no volver a dormirse.

—Anoche me encontré con Jacob, el chico que te dije el otro día. Hemos pasado toda la noche juntos. — Quería entrar en detalles pero no sabía cómo se lo tomaría Sofía—. Me lo encontré en el *The Ship*, fui con unos amigos.

—Menuda coincidencia ¿no? —Hacía poco tiempo que conocía a Stacy pero le había tomado mucho cariño.

—¡Sí! Pero está tan bueno. Con esos músculos… —Hizo una pausa—. Y es tan bueno en la cama…

— ¡Stacy! No entres en detalles ¡por favor! —Soltó una carcajada—. Necesito mínimo un café antes de escuchar eso.

—Vale, vale. ¿A que no sabes con quién estaba? —Sofía iba a alucinar muchísimo cuando se enterase.

—No, dime. Sorpréndeme.

—Con Ethan. —La línea quedó en silencio–. ¿Sofía? —Ella le contestó con un suspiro—. Estuvo toda la noche sentado en la barra bebiendo. Ni siquiera miró a ninguna tía. Estaba con la mirada perdida. —Aquello para Sofía era un poco desconcertante.

—Esta mañana me envió un mensaje. Salió a correr y dice que sin darse cuenta estaba debajo de mi casa… —Estaba algo asombrada de las coincidencias.

—No se estará enamorando de ti ¿verdad? —Se escuchaba ruido de ciudad, coches, gente hablando—. Tengo que dejarte, acabo de subir al metro. Te llamo a la hora de comer.

—Vale. Adiós.

Sofía estaba bastante sorprendida por la conversación. Había sido mucha coincidencia que se hubiera encontrado a Ethan en el local de copas que frecuentaba con sus amigos. Si no, que el chico que conoció Stacy hace unos días fuera amigo de Ethan.

Sofía analizó todo lo que le había dicho Stacy. Ella había encontrado a Ethan con la mirada perdida. Sofía se preguntaba qué podía significar eso. ¿De verdad Ethan se estaba enamorando de Sofía? Sofía no creía que eso fuese posible, apenas se habían visto unos días. Ellos dos estuvieron de acuerdo en pasarlo bien juntos pero nada más. Sofía no quería nada más, de hecho no podía permitírselo.

Su estancia en Londres era limitada y en unos meses volvería a España. Allí estaba su vida.

No quería indagar mucho en sus sentimientos, ni en los de él pudiera sentir. Había tomado una decisión: Disfrutaría el tiempo que le quedase y listo. Solo esperaba que él no le hablase de sentimientos, si lo hacía, dejaría de verlo de inmediato.

En poco más de una hora debía de estar en el hotel para ir a desayunar con su familia. Para hoy tenía otro día completo conociendo otra parte de Londres. Eso significaba caminar mucho. Gracias a dios, el verano aquí no es como el español, porque entonces no podrían salir de casa.

Decidió levantarse y arreglarse. Hizo cuatro tareas que le habían quedado el día anterior mientras se tomaba un café. Dejó los documentos en la mesa y fue a vestirse con ropa cómoda y fresca para un nuevo día turístico.

19

Al llegar su madre y su hermano ya la estaban esperando. Se dirigieron a la cafetería y se sentaron en la terraza y pidieron el desayuno. Sofía aprovecho para tomar otro café y aprovechó para comer algo antes de partir. Incapaz de contenerse mucho más, cogió el teléfono y le mando un mensaje a Ethan.

Es una pena que no hayas venido un poco más tarde ya que te hubiera invitado a subir

Sofía acababa de empezar un juego que sabía muy bien donde iba a acabar. Pero le encantaba la emoción que le producía picarle de esa manera. Y estaba dispuesta a que apagaran juntos la excitación que les provocaba los comentarios subiditos de tono.

Nena, no me digas esas cosas a estas horas que queda mucho día por delante.

Ethan estaba tomándose un té en una cafetería cerca del trabajo. Contestó el mensaje de Sofía al instante. Y se tomó su bebida rápidamente antes de partir a su despacho a iniciar su jornada laboral.

Alberto extrajo el mapa de Londres de su mochila una vez que terminaron su desayuno. Para poder planear la ruta que deseaban hacer ese día antes de ponerse en marcha.

— ¿Qué os apetece visitar? —preguntó Sofía organizar la ruta y visitar más de un sitio durante el día.

—Yo quiero hacerme fotos en *Trafalgar Square*. —dijo su hermano.

—Pues a mí me gustaría visitar la *Catedral de San Pablo*. —Su madre prefería visitar iglesias y catedrales.

Sofía buscó los dos lugares en el mapa y con un plano del metro unió los puntos ideando así una ruta.

—Podemos ir a la catedral después coger el metro hasta la estación de *Charing Cross* y visitar la plaza. ——Fue explicando mientras los señalaba en el mapa—. Una vez terminemos las fotos ya buscaremos algo que visitar por ahí cerca.

—Tenemos que llegar temprano que a las siete cogemos el vuelo. —Su madre siempre se ponía muy nerviosa cuando viajaban. Ansiosa por llegar a la primera.

En una ocasión, cuando Alberto y Sofía eran pequeños su madre les llevó de vacaciones a la playa. Nada más y nada menos que a Mallorca. Luís no pudo viajar con ellos por un problema de trabajo en el último momento y como llevaban mucho tiempo planeando el viaje fueron los tres solos.

Debían coger un vuelo un jueves a las ocho de la mañana. Para no llegar tarde Mercedes creó una tabla con los minutos que se tardaba en llegar al aeropuerto y facturar. Se apuntó a qué hora debían despertarse; cuántos minutos tardarían en desayunar y arreglarse; a qué hora pedir el taxi y qué tardarían en llegar.

Todo lo tenía planificado por lo que llegaron al aeropuerto con más de dos horas de antelación. A la vuelta les pasó lo mismo pero al no conocer el aeropuerto, salieron con más tiempo de antelación.

—Tranquila mama. Después de comer volveremos.

Después de comer Sofía quedaría libre. Estos tres días visitando la ciudad le habían agotado más que una semana de trabajo. Por suerte disfrutaría de toda la tarde libre para descansar antes de reincorporarse al trabajo.

Partieron hacia la estación de metro. Y Sofía se le olvidó por completo contestarle a Ethan.

Por mucho que ellos estuvieran acostumbrados a usar el metro en Madrid no podía compararse con el de Londres. Mucho más moderno y complejo. Y con mucha más gente.

La apertura al público de la catedral era a las diez de la mañana. No llegarían a tiempo, pero esperaban no tardar mucho más ya que si no estaría lleno de gente y les tocaría hacer cola.

Llegaron con quince minutos de retraso. Por suerte no esperaron mucho para poder comprar las entradas. Tomaron un audio-guía gratuita. Y así conocieron muchos detalles sobre la historia y decoración de la catedral.

Construida originariamente en madera y afectada por un incendio en 1666, fue reconstruida en diferentes ocasiones hasta que se convirtió en el impresionante edificio que era hoy en día. Aunque lo que le pareció más interesante a su madre fue que se hubiera celebrado la boda del Príncipe Carlos y Lady Diana en ella.

Su hermano y su madre subieron a ver la cúpula mientras Sofía les esperaba afuera, no le gustaban mucho las alturas. Así pues, se sentó en un banco a la sombra y sacó el móvil del bolsillo. Al hacerlo se acordó del mensaje de Ethan. Lo releyó y le mando una buena respuesta:

No pensé que unas palabras pudieran afectarte tanto... Menos mal que no dije lo que realmente pensaba.

Lo que realmente pensaba era fuerte hasta para ella. Normalmente ella era mucho más comedida. Pero este hombre conseguía sacar su lado salvaje. Cuando Ethan aparecía en su mente, no podía pensar en otra cosa que no tuviera que ver con el sexo. El pitido de un mensaje entrante sacó a Sofía de sus pensamientos.

Nena, todo lo que tenga que ver contigo me afecta. Me pones tanto que con solo mirarte me excito. Imagínate como me pondría si me invitas a tu casa.

De hecho ya lo había invitado un par de veces y el resultado había sido una noche de sexo increíble.

¿Cómo? Me gustaría verlo.

Tras mandarle ese mensaje se le instaló una sonrisa pícara en los labios. Se imaginaba su cara al leerlo. Su teléfono sonó de nuevo, pero esta vez el tono era de llamada. Descolgó.

— ¿Si?

—Creo que sería mejor que te lo enseñara en persona. ¿No crees? —Le encantaba su voz. Conseguía encenderla con un simple *"Hola".*

—No sé si podré aguantar hasta la noche. —Le imitó y puso voz sexy.

—*Nena* no sigas por ahí que ya estoy bastante excitado — Ethan se pasó la mano por la cabeza. Empezaba a crecerle el pelo otra vez.

— ¿Cómo quieres que lo sepa sin ninguna prueba? — Dicho esto se preguntó si realmente se había atrevido a pedirle una foto.

La comunicación se cortó. E Ethan ni siquiera se habían despedido. Intentó llamarle de nuevo pero la línea estaba ocupada. Decidió esperar por si Ethan también la estaba llamando. Cuando se bloqueó el teléfono escuchó su melodía de llamada. Descolgó y al hacerlo se *activó el Facetime* y apareció la cara de Ethan.

—Hola, *Nena*. –Cuando pudo ver en directo su sonrisa pícara y ese tono de voz tan sensual le recorrió un escalofrío.

—Hola. —sonrió. Ethan estaba realmente atractivo con ese traje.

—Pensé que querrías verlo en vivo —Y tras decir esas palabras, fue moviendo el móvil poco a poco para que fuese enfocando hacia abajo, hasta que llegó al bulto de su erección que se marcaba en sus caros pantalones de traje.

Sofía al ver la imagen no pudo evitar imaginarse ese cuerpo desnudo según iba avanzando el teléfono. Cuando llegó a su entrepierna se relamió los labios y gimió muy bajito.

—Veo que te gusta lo que ven tus ojos. —Y para disgusto de Sofía, fue subiendo la cámara hasta que llegó otra vez a su rostro—. Todo esto puede ser tuyo esta noche.

—Lo estás haciendo adrede, ¿verdad? Para que me excite y no pueda decir que no. —Su sonrisa le confirmó que había acertado.

—Puede…

Al apartar la vista de la pantalla, Sofía vio a su madre y su hermano que volvían.

—Tengo que dejarte. Cuando pueda te mando un mensaje. —Colgó el teléfono sin esperar respuesta.

—¿Qué tal las vistas? –les preguntó con una gran sonrisa.

—Increíbles hija. —Se notaba que Mercedes había disfrutado de la visita de hoy.

—Vámonos que si no, no me dará tiempo a ver *Trafalgar Square*. —Alberto no les dio tiempo a que se contaran las cosas, estaba emperrado con hacerse las fotos.

Tomaron el metro con dirección a la estación de *Charin Cross*. Al llegar y subir a la calle se quedaron los tres impresionados. La plaza era enorme. En el centro se alzaba una gran columna de unos cincuenta metros por lo menos.

Allí, Alberto se hizo las primeras fotos. Justo al lado de la placa con la leyenda de la columna. Al norte de la plaza se encontraba la *National Gallery*. Un edificio impresionante. Delante había dos fuentes que se debían de ver preciosas por la noche cuando se iluminaran.

Hicieron fotos donde pudieron. Realizaron una visita corta a la galería de arte y buscaron un establecimiento donde comer. Debían tomar algo pronto ya que tenían que llegar a tiempo al hotel. Después de comer fueron a por las maletas a la habitación. Y Llegó el momento más difícil: la despedida.

Estaban en la puerta del hotel esperando un taxi que habían solicitado al recepcionista que pidiera. Cada uno tenía su maleta delante, un poco más llena gracias a las compras. Pero se resistían a decir las palabras. No querían despedirse pero cuando llego el taxi no pudieron demorarlo más.

El taxista recogió las maletas y las metió en el maletero. Y esperó dentro paciente se despidieran.

Se fundieron los tres en un gran abrazo. Y se dijeron palabras de despedida.

—Llamadme en cuanto lleguéis. —pidió Sofía una vez que subieron al taxi.

—Claro hija. —repuso su madre entre lágrimas.

Y mientras partían hacia el aeropuerto. Sofía ya les había empezado a echar de menos.

20

Sofía volvió a su apartamento. Y como no quería pasar la tarde en casa, tomó su *tablet* y bajó a la cafetería a tomarse un café. Pocos días atrás había empezado una novela pero estaba deseando avanzar en ella. Estaba leyendo *Plan B: No enamorarse* de *Nora Flint* una autora que le encantaba.

Al terminarse el café dejó la *tablet* en la mesa y sacó el móvil para comprobar la hora. Y de nuevo, recordó el mensaje que tenía pendiente con Ethan. No sabía muy bien que escribirle, la excitación y la emoción de aquel momento había pasado. Pero había quedado en responderle.

Perdona, mi madre nos interrumpió. ¿Por dónde íbamos? Creo que me estabas enseñando algo, ¿no?

Cada vez que hablaba con él se decía lo mismo a sí misma. Se sorprendía de lo lanzada y fogosa que era con él. Ningún hombre había conseguido nada parecido con ella.

Pagó la cuenta y subió al apartamento. Se acomodó en el sofá y siguió con la lectura.

Ethan estaba en el gimnasio sudando endorfinas. Después de realizar la tabla que seguía diariamente dedicó unos minutos a correr y a la bicicleta estática. Ahí, era en el único lugar en el que conseguía evadirse de todo, mientras se machacaba. Y tras realizar el primer recorrido de la tabla, consideró que ya habría sudado bastante así que se fue a la ducha.

Al recoger sus pertenencias de la taquilla, la lucecita led del móvil estaba encendida, por lo que comprobó el teléfono mientras caminaba hasta la salida.

Había recibido algunos emails del trabajo, una llamada de Jacob y un mensaje de Sofía. Lo abrió enseguida, todo lo demás podía esperar hasta más tarde. Al leerlo se le instaló una sonrisa en los labios.

Al llegar a su coche. Abrió la puerta y entró. Y una vez sentado en el asiento del conductor, se dispuso a responderle.

Nena ahora mismo no te lo puedo enseñar pero si me invitas a tu casa podrás verlo en primer plano.

Ethan condujo hasta su casa para poder cambiarse de ropa.

Sofía estaba inmersa en la novela. La escena que estaba leyendo conseguía que le subieran los colores cuando su móvil sonó. Leyó el mensaje rápidamente respondió.

Te acuerdas de dónde es, ¿no? Te espero.

Terminó el capítulo y dejó la lectura para preparar algo de cenar y buscar algo sexy que ponerse. Esa noche Ethan se sorprendería.

Ethan estaba muy nervioso. No sabía exactamente porqué, ni que fuese su primera cita. ¿Lo era? Se preguntó.

Se había vestido con ropa que le hacía verse sexy. Condujo hasta el apartamento de Sofía sorteando el tráfico nocturno. Aparcó muy cerca y subió. Tocó el timbre y mientras esperaba que abriera la puerta se colocó la ropa. Quería estar perfecto para poder encandilarla.

Sofía salió de la cocina y fue a abrir la puerta. Le sonrió invitándole a entrar. Y a Ethan le golpeó el olor de lo que estaba cocinando y se dirigió a la cocina a averiguar qué era eso que olía tan bien.

Sofía le siguió. Cogió dos cervezas de la nevera y le ofreció una a él. Se acercó al horno para comprobar el punto del pescado que estaba cocinando. Antes de la visita de sus familiares había comprado dos. Las había puesto en una bandeja del horno con unas incisiones por cada lado. Añadió un poco de caldo de pescado y verduras cortadas en trocitos pequeños.

Se agachó de forma estratégica para que Ethan tuviera una buena vista de su trasero. Se había puesto unos leggins negros. Su ropa interior era muy sexy y demasiado escasa.

Ethan se quedó mirando. No debería haberlo hecho porque ahora, de nuevo, estaba excitado. La vista del trasero en pompa de Sofía era un panorama espectacular. Ethan se había propuesto tomarse su tiempo, pero se lo estaba poniendo muy difícil.

Por otro lado Sofía se había propuesto volverlo loco durante la cena. Por eso se había puesto la ropa que llevaba.

Al pescado le faltaba muy poco, por lo que sacó de la nevera unos tomates, lechuga y cebolla. Lo cortó todo para hacer ensalada y lo aliñó.

— ¿Quieres que te ayude en algo? —le preguntó Ethan sentado en un taburete de la barra. Se sentía un poco inútil ahí mirando sin hacer nada.

—No te preocupes ya está todo listo. —Sacó el pescado del horno—. Hoy comemos en la barra si no te importa que tengo la mesa llena de papeles.

—Claro, ningún problema. –Ethan se alegró, puede que alguno de aquellos papeles tuviera la información que estaba buscando.

—Es que estoy ultimando los detalles de tres o cuatro campañas y he tenido que traer trabajo a casa.

Preparó dos platos. Y sirvió las lubinas con cuidado de no romperlas. La verdura y el caldo sobrante lo trituró y vertió un poco por encima del pescado. Llevó los platos en la barra junto con la ensalada y se sentaron a comer.

Se colocaron uno al lado del otro, en vez de uno frente a otro como algunos días. Sofía al hacerlo le rozó sutilmente con la pierna. Ese contacto consiguió que Ethan se excitara un poco más.

Sin decir una palabra empezaron a dar cuenta del pescado. A Ethan le gustó mucho, comió rápidamente sin dejar nada en el plato. Sofía sin embargo lo degustó más lentamente.

—Sé que ya te lo he dicho antes, pero eres una gran cocinera. *Nena*, si alguna vez quieres echarte novio avísame. —dijo en broma y se rieron los dos.

—No creo que aguantásemos mucho tú y yo juntos. —cogió los platos y los llevó a la cocina.

— ¿Por qué lo dices? —Ethan se levantó y le ayudó a recoger.

—Por qué tengo mucho genio.

Terminaron de limpiar y pasaron al comedor Sofía con un café con leche y Ethan con un té. Y para tener un poco de ruido de fondo pusieron un canal de noticias.

— ¿Les ha gustado Londres a tu familia? —Ethan sacó un tema de conversación ya que el silencio estaba empezando a alargarse demasiado.

—Bien. Estoy más cansada que si hubiera estado trabajando... me han agotado. —Sofía suspiró.

—Es normal. Seguro que habéis querido conocer todo. —Estaban sentados de lado mirándose de frente. Ethan se acercó un poco.

—Ya. La verdad es que nos lo hemos pasado muy bien. —Se agachó un poco para dejar la taza en la mesa. Al hacerlo se le abrió un poco la camisa dejando ver levemente el escote y su precioso sujetador.

21

Ethan se dio cuenta al instante. Notó como su pene dio un saltito de excitación al ver aquella imagen tan sensual. Acortó la distancia que había entre los dos. Se miraron a los ojos.

Con el dedo índice empezó a acariciar suavemente su cuello. Fue bajando por la clavícula hasta acariciar ese trozo de piel que había quedado a la vista, apartando la tela un poco y para poder ver más.

Besó la zona liberada. Movió el dedo hacia el lado opuesto separando más así la camisa y besando más la porción de piel que quedaba a la vista. Empezó a desabrochar los botones muy despacio mientras se seguían mirando a los ojos.

—Tenía pensado ir lentamente pero no me has dejado opción. —Se acercó gradualmente a ella y la besó suavemente.

Sofía se agarró a su cuello. Jugó con su lengua mientras se besaban. E Ethan siguió quitándole la camisa sin separarse de su boca. Al notar su piel desnuda gimió. Tenían ganas de lanzarse, de resarcirse el uno con el otro del deseo que les embargaba.

Sofía se levantó y fue a la nevera. Tenía reservada una botella de cava que había encontrado en un supermercado con productos españoles y unas fresas con nata. Abrió la botella y sirvió dos copas

Ethan la observaba sentado en el sofá excitándose más todavía si aún era posible. Sofía era una visión de lo más erótica, casi desnuda, sirviendo las copas de cava. Ella se acercó con las copas y le entregó a él una copa. Se sentó a su lado y probaron la bebida. Ethan cogió una fresa, la sumergió en el champan y se la ofreció, esperando a que ella la tomara en su boca.

Ella se acercó y abarcó toda la fresa, mordiéndola. Un poco de jugo se deslizó suavemente por la barbilla y Ethan no pudo evitar acercarse y recoger el jugo con la lengua.

Levantó la vista. Vio tanto deseo en la mirada de Sofía y sin alejarse, se lanzó a besarla. Cuando sus labios se juntaron las manos de Sofía fueron a la nuca de él automáticamente. Degustaron el sabor de la fresa con el del champan en un mar de lenguas.

El beso se estaba volviendo cada vez más apasionado. Las manos de ambos se movían sin cesar entre sus cuerpos. Tocaban todo lo que podían, Sofía se agarró al bajo de la camiseta de Ethan y tiró de ella hacía arriba, quitándosela. Tuvieron que separarse para que saliera la prenda, pero en cuanto pasó volvieron a juntar sus bocas.

Con mucho esfuerzo Ethan se separó. Cogió otra fresa y mordió un extremo. Al hacerlo se produjo un poco de jugo, aprovechó y lo esparció por uno de los pechos de Sofía. Volvió a morder la fresa e hizo lo mismo con el otro pecho.

Dejó lo que quedaba de fruta encima de la mesa y fue a limpiar el jugo de los pechos de Sofía, con la lengua. Saboreó el dulce afrutado. Mientras Ethan chupaba y lamía sus pechos, Sofía se arqueaba dándole mejor acceso.

Ethan se colocó de rodillas delante del sofá, moviendo a Sofía a la vez. Mientras ella quedaba sentada en el borde del asiento. Le bajó los leggins y la ropa interior. Y también se quitó el los pantalones quedando los dos desnudos.

Con ayuda de las manos echó hacia a tras a Sofía y bajó la cabeza a su sexo. Ella se arqueó nada más sentir su lengua y gimió.

A Ethan le encantaba saborearla.

Adoraba darle placer.

Sofía sabía que estaba a punto de culminar. Un orgasmo muy fuerte se estaba gestando rápidamente. Gemía y se arqueaba sin cesar.

Ethan estaba muy excitado.

Necesitaba estar dentro de ella.

Sin que ella se diera cuenta, alejó su boca de su sexo y se movió para entrar en su dulce sexo de una sola estocada provocando que Sofía culminara de manera inesperada. Sofía gritó desesperada al sentir el orgasmo. Ethan se movió suavemente para darle tiempo a Sofía de recuperarse mientras le besaba en los pechos y en el abdomen.

Lentamente, Sofía fue haciéndose más receptiva y Ethan fue subiendo el ritmo. Pero necesitaba más.

Necesitaba llegar más profundo.

La cogió por los brazos y la sentó. Sofía gimió al sentirlo tan adentro. Se agarró al cuello de Ethan y se acercó todo lo que pudo a él, para darle mejor acceso y sentirlo más profundo.

Ethan posó sus manos en su trasero y cada vez que envestía apretaba a Sofía contra él sumergiéndose en ella por completo.

No aguantaron mucho con ese ritmo apasionado y los dos culminaron juntos tras una serie de profundas estocadas.

Se quedaron unidos intentando recuperar la respiración. Y después de mucho tiempo, fueron al servicio a asearse.

Era ya bien entrada la noche cuando Ethan se despertó. Estaba un poco desorientado. Después de varios días sin dormir bien por fin lo había hecho tan profundamente que por un instante, no recordaba donde estaba.

Miró a su alrededor y por fin se ubicó en el apartamento de Sofía. Se giró para mirarla. Estaba boca abajo con la sabana tapándole lo justo.

Una visión de lo más sexy.

La de una mujer totalmente saciada.

Habían invertido una buena parte de la noche en saciar sus instintos, en recuperar aquellas horas que habían estado separados. Ethan no sabía que le pasaba pero no llegaba a saciarse del todo con ella, siempre quería más. Y no tenía ningún problema para seguir el ritmo. Con una sola mirada o caricia ya estaba preparado para el siguiente asalto.

Y le encantaba darle placer.

Algo de lo que no se cansaba.

Durante las últimas noches, en muchas ocasiones debía recordarse porqué estaba en esa casa, cuál era la finalidad. Sabía que tenía que levantarse a mirar los papeles que estaban sobre la mesa.

Debería.

Pero por otro lado, Ethan no quería obtener lo que buscaba. Porque si leía en alguno de esos documentos, información sobre la campaña que le interesaba, no tendría más remedio que utilizarla. No podía fallarle a su abuelo.

Se sentía en una encrucijada.

Se levantó con cuidado de no despertar a Sofía. Se puso los calzoncillos y se dirigió a la mesa. Cogió su móvil por si tenía que fotografiar alguna información y se sentó a ojear los documentos.

Casi había revisado todos los documentos cuando dio con algo. Siguió leyendo las hojas siguientes y se dio cuenta de que por fin tenía lo que necesitaba. Fotografío lo que necesitaba y las dejó como estaban y volvió a la cama.

Intentó dormir pero no pudo. Se sentía mal por lo que estaba a punto de hacer. Al día siguiente iría a la oficina y haría todo lo posible por ganarse a los joyeros como clientes. Debía cumplir con la promesa de a su abuelo.

Eso quería decir que ella, o mejor dicho, la empresa dónde trabajaba los perdería. Intentó no pensar en las consecuencias que tendría para la carrera de Sofía.

Solo esperaba no perjudicarla demasiado.

Siguió dando vueltas en la cama y volvió a observarla. Tendría que despedirse de ella. No podría volver a estar con ella después de esto. Le dolía engañarla de esta manera.

Se levantó, se vistió y se fue sin hacer ruido.

22

Sofía lo apagó el despertador y se sentó en la cama. Se estiró después de haber dormido toda la noche en la misma postura, se sentía agarrotada. Al girarse se dio cuenta que Ethan no estaba en la cama. Era raro que no hubiera despertado.

Miró a través del apartamento y no le vio por ningún lado. Entró en el baño y tampoco estaba.

Sofía se enfadó, no le gustó nada que se hubiera marchado de su cama sin despedirse.

Se arregló para ir al trabajo y desayunó. Seguía dándole vueltas a la desaparición de Ethan, siempre había pasado la noche completa con ella. Sentía una especie de desazón y no sabía exactamente por qué.

Al llegar a la oficina todos se alegraron de verla después de tantos días. Y cuando llegó al despacho, Stacy entró corriendo para contarse las novedades. Cada día su amistad con su secretaria se hacía más fuerte.

—Sofía, ¿cómo estás? —Se había sentado delante de ella con una libreta y un bolígrafo—. Vaya fin de semana más largo. ¿Qué tal tu familia?

—Muy bien, ha sido genial. Estos días con ellos me han dado más fuerza para aguantar sola. —Dijo pensativa mientras miraba por la ventana.

— ¿Algún problema? Te veo pensativa. –Stacy era una mujer muy susceptible a los cambios de ánimo.

—Me ha pasado algo muy raro esta mañana. —Se giró y apoyó los brazos en la mesa.

—¿El qué? —Stacy imitó su postura creando un ambiente confidente.

—Ayer vino Ethan a casa a dormir. —Hizo un gesto de comillas con los dedos—. Todo fue genial, pero esta mañana cuando me he despertado no estaba en casa.

— ¿Se ha ido sin decirte nada? Menudo capullo. — Se echó atrás apoyándose en el respaldo de la silla.

—No ha dejado ninguna nota ni nada… —se encogió de hombros.

— ¿No le mandaste ningún mensaje? –dijo mientras se volvía a acercar.

—No. —Sofía se echó hacia atrás—. ¿Crees que debería?

—Yo lo haría.

—Bueno más tarde se lo enviaré. Vamos a hablar de trabajo.

Stacy se dispuso a ponerla al día sobre todo lo ocurrido en la oficina los días que ella había estado ausente. El número de clientes ganados, las campañas terminadas.... Aunque no había ninguna novedad en el asunto de los joyeros.

Stacy estaba deseando contarle las novedades con Jacob. Pero primero terminarían los asuntos laborales, no quería hacer enfadar a Sofía.

—He vuelto a quedar con Jacob. —Le dijo cuando ya no pudo aguantarse más.

—¿Si? Que bien. Ya habéis quedado un par de veces ¿no?

—Sí. Aunque no sé exactamente que somos…

—Pues ya somos dos. —Se rieron las dos por la situación.

Cuando terminaron de organizar la agenda de las siguientes semanas Stacy salió de la oficina y Sofía se dispuso a trabajar. Aunque no podía dejar de darle vueltas al motivo que podría haber tenido Ethan para irse sin decir nada.

Sofía se recostó en la silla pensando en ello. No podría concentrarse en nada. Se conocía y cuando algo le rondaba la mente…

Aunque también ella se preguntaba por qué le afectaba tanto. Normalmente cuando quedaba con un tío para lo que ellos quedaban, lo hacía y cada uno dormía en su casa.

Porqué en su caso era diferente, Sofía no lo sabía. Desde la primera vez, pasaban las noches juntos. Sofía pensó que a lo mejor Ethan simplemente prefirió dormir en su casa.

Sin darse cuenta llegó la hora de comer. Se fue junto a Stacy a la cafetería de siempre con la esperanza de que Ethan apareciera por la puerta con una explicación. Pero no lo hizo, así que comieron y subieron a la oficina después.

Trabajó hasta las cinco. Al terminar la jornada, se fue a tomar un café y a leer un rato en la cafetería como cada día. Después volvería al apartamento a descansar.

Ethan llegó a su piso sintiéndose peor que cuando estaba con Sofía. Al llegar comprobó en el portátil las fotos que había hecho con el móvil y lo volvió a leer todo. Tenía la idea principal de la campaña que había hecho y debería trabajar para conseguir una idea mejor para que no se resistieran.

Utilizaría las horas que le quedaban antes de ir a la oficina para pensar en ello. Al llegar reunió a todo su equipo para explicarles las novedades.

—Buenos días chicos.

Junto a su equipo también avisó al gerente, para que se encargase de notificar los cambios al director.

—Hace unas semanas hablamos de que habían trasladado a Sofía Campos aquí a Londres. Como ya sabéis también están llevando negociaciones con *Butler & Wilson* para hacerse con su cuenta para la próxima campaña. Pues bien, he conseguido hacerme con la información sobre cuál es la idea principal de su campaña, me la comunicaron ayer. Por lo que he estado dándole vueltas y he pensado en algo con la misma idea general pero algo diferente.

Todos murmuraron al escuchar a Ethan. Querían ganar esa campaña así que se alegraron de tener algún dato para mejorar su contrato. Esperaron atentos.

—La idea general es llegar a cualquier persona sin depender de su estatus social. Pues bien, pensando en ello se me ha ocurrido una idea. Imaginaros la puerta de un colegio, digamos concertado. Hay una mamá de un nivel medio con un colgante de los diseñadores. Otra mamá que se le nota que tiene un nivel económico más elevado con otra joya y otra mujer con una sortija. En esta imagen vemos a tres personas de estatus diferentes y con joyas de los clientes.

Se quedaron todos en silencio pensando en el discurso que había dado Ethan. Cuando fueron asimilándolo todo fueron murmurando entre ellos, comentando sus ideas. Hasta que llego un punto que no se entendía nada.

— ¡Silencio! —Todos callaron y atendieron al gerente—. A ver, la idea que nos has expuesto es bastante buena. No voy a preguntarte cómo has conseguido la información, realmente no importa mucho. La cuestión es que debemos cambiar nuestra idea. Mandarles un email esta misma tarde comunicándoles que hemos ideado algo nuevo y que vengan a escucharnos. Yo me encargo de esto. Vosotros empezar a diseñar a la de ya el nuevo boceto.

Una vez terminó, todos se fueron a su mesa a trabajar. Ethan estaba bastante contento de que les hubiera gustado su idea y de que se pusieran tan pronto a trabajar.

Estuvo todo el día ocupado diseñando la nueva campaña y ni siquiera se acordó de Sofía. Hasta que llegó a casa, comprobó el móvil y vio que tenía un mensaje.

Hola, espero no molestar. Me extrañó que esta mañana no estuvieras a mi lado. Espero que no haya ningún problema. Besos.

No sabía muy bien que hacer ahora con ella. En estos momentos se moría de ganas de estar con ella.

De entrar en ella.

Pero el recuerdo de como la había engañado, como había robado su idea para hacer que perdiera. No se veía capaz de mirarla a la cara sin que se le notara que ocultaba algo. Lo mejor sería que dejara pasar esa noche, para ver cómo se levantaba al día siguiente.

Se tumbó en el sofá sin cambiarse de ropa y sin cenar. No tenía ganas de nada. Encendió la televisión y la dejó toda la noche en el primer canal que apareció hasta que se quedó dormido.

23

Sofía llegó a casa. Completamente agotada. Después de tres días sin trabajar le había resultado bastante tedioso estar todo el día en la oficina. Había tenido que esforzarse el doble en el trabajo, dado que a cada instante Ethan volvía a su mente.

Ella le había mandado un mensaje estando en la oficina pero no le había contestado. Solo esperaba no haber hecho nada que le hiciera enfadarse.

Mejor sería que cenase y descansase para el próximo día de trabajo.

Al levantarse se sentía como nueva. Llevaba tanto tiempo sin dormir ocho horas seguidas, que las de la noche anterior le supieron a gloria. Desayuno y arreglarse para ir a la oficina.

Le apetecía arreglarse algo más. Tenía un traje que había venido con ella desde España y que aún no había usado. Y esa mañana, como otra cualquiera, era un buen día para ponérselo. Cuando lo llevaba se sentía realmente sexy.

Fue a la oficina temprano para preparar la reunión con su equipo que tenía esa mañana. Semanalmente se reunían, para comentar entre todos la dinámica del equipo. Debían tener una buena relación entre ellos para poder hacer su trabajo adecuadamente.

Cuando ella llegó a Londres la relación entre los componentes no era muy fluida. No fueron contratados todos juntos, si no que fueron entrando según iba haciendo falta personal. Todos empezaron desde abajo y según iban demostrando sus cualidades iban subiendo de categoría y se iban reubicando según sus cualidades.

El problema que había con el equipo, es que unos querían estar en el puesto del otro y viceversa. Pero no podían cambiarlo así como así. Por lo que Sofía les explicó que para hacer bien su trabajo, primero debían llevarse bien como equipo.

El primer día de trabajo fueron todos a la sala de reuniones, que estaba vacía, y expresaron delante de los demás sus problemas como compañeros. Revelaron hasta el último secreto, por lo que, al paso de los días la relación entre ellos mejoró.

En esos días se podía decir que había trabajo en equipo. Se ayudaban unos a otros. Y aunque a alguno le gustaría estar realizando otro trabajo, hacía el que le tocaba a gusto.

Estaban diseñando ocho campañas a la vez. Antes con dos campañas iban saturados dado que no compartían bien el trabajo. Pero ahora, después de unas semanas viéndoles trabajar, dosificaban las horas de la jornada laboral en las diferentes campañas.

Tomó su libreta y un bolígrafo y se preparó para unas horas de reunión.

Ethan llegó a la oficina tarde. La noche anterior se quedó dormido en el sofá y no se acordó de cambiar la hora del despertador. Se levantó con el cuello dolorido por la mala postura en la que había dormido. Y para colmo el día anterior, tiró a la basura el último recambio de la cuchilla de afeitar y tuvo que salir sin afeitarse.

Al llegar fue directo a la máquina de café. No es que estuviera muy bueno, pero necesitaba urgentemente aquel brebaje, para aguantar el día que no había empezado muy bien. Salió del cuartito donde estaba la máquina cuando pasó alguien corriendo golpeándole la mano donde llevaba el vaso. Con tanta suerte que le cayó encima de la camisa.

Ethan se puso histérico. Desde que se había levantado no había dado ni una. Parecía que se hubiera levantado con el pie izquierdo. Sacó otro café y por suerte llegó a su oficina intacto. Por serte, tenía en un cajón dos camisas nuevas para alguna emergencia.

Se cambió de ropa y se sentó para leer los emails pendientes. Dos clientes preguntaban por el avance de sus campañas y el último email era del gerente. Debería ir a una reunión a las doce en su oficina a las doce.

Consultó el reloj. Todavía disponía de tiempo para adelantar trabajo. Mientras trabajaba tenía el móvil encima del escritorio, y sin poder evitarlo cada dos por tres su vista se deslizaba hacia él. Le picaban los dedos por mandarle un mensaje a Sofía.

Se había despertado dolorido por dormir en el sofá, pero también con una erección increíble. Había estado toda la noche soñando con ella. Haciéndola suya de todas las maneras posibles. Y solo llevaba un día sin verla, no sabía que haría cuando llevara una semana o un mes... Necesitaba desintoxicarse de ella. Quedaría con Jacob, saldrían por ahí esa noche y se traería a la chica más atractiva a casa. Si eso haría.

Cogió su teléfono y lo desbloqueó, antes de sucumbir a la tentación de responder al mensaje de Sofía. Busco el contacto de su mejor amigo y llamó.

—Hola, Jacob. ¿Qué haces esta noche?

—Hola tío, pues quedarme en casa. No tengo ningún plan.

— ¿Te apetece salir un rato?

—Claro. Ya sabes que nunca digo no a salir por ahí.

—Genial. Donde siempre a la hora de siempre.

Colgó. Necesitaba un ligue nuevo. Estar con otra mujer para que se pasara esa desazón que tenía.

A las doce se personificó en la oficina del gerente. Este le explicó que ya habían comunicado a los diseñadores que habían tenido una nueva idea y que en uno o dos días recibirían una presentación con un boceto.

—Si todo esto sale bien y ganamos a *Butler & Wilson* como clientes estarás muy cerca de ser nombrado nuevo socio.

Por fin, el plan de Ethan, estaba a punto de dar sus frutos. Una vez que fuera nombrado socio empezaría realmente su venganza.

Sofía y Stacy estaban comiendo en la cafetería de siempre. Cotilleando un poco, ya que en la oficina apenas tenían tiempo. Stacy le contó todo lo que se podía contar sobre su relación con Jacob. Se llevaban bastante bien en la cama, pero fuera de ella apenas se decían alguna palabra y lo poco que se decían era para discutir.

—Es que es un chulo Sofía. Estará acostumbrado a tías de una noche que les puede hablar como le dé la gana. Pero yo no soy de esas.

—Eso lo sé, pero para discutir cada vez que echáis un polvo… —A Sofía le parecía bastante raro.

—Que sí, que sí y eso que yo me quedo callada para no discutir… —Se reía ya que no podía hacer otra cosa.

—Pues nada. Cuando estéis juntos darle al tema todo el rato y ya está. —Soltó una carcajada.

Se rieron con ganas. La verdad es que, a Sofía le parecía bastante gracioso que después del sexo discutieran tanto.

—Pero bueno, después de discutir hacemos las paces y vuelta a empezar. —Y las risas volvieron a empezar otra vez—. Intentaré hablar con él. Hemos quedado para el fin de semana que viene.

—Si es que eres total. — dio un sorbo al café que estaba tomando. Le encantaba tomarse uno después de comer.

—¿De Ethan sabes algo? —dijo Stacy mientras saboreaba su té con leche.

—No. Ayer le mandé un mensaje y no me contestó, así que paso. —Se encogió de hombros—. Tampoco es que tuviéramos una relación. Solo nos vimos en unas cuantas ocasiones.

—Lo que tienes que hacer es venirte conmigo esta noche a tomarte unas copas. He quedado con mis amigas.

—Qué va. Estos dos días que tuve libre con la visita de mi madre han sido agotadores. Mejor me quedo en casa y aprovecho para dormir. —Se terminó el café y empezaron a recoger para ir a pagar.

—Bueno. Si al final te animas llámame.

Sofía afirmó con la cabeza. Se dirigieron a la caja y pagaron la comida. Y salieron del local de nuevo hacia la oficina. Iban hablando animadamente y apenas se daban cuenta de quién pasaba por su lado. A los pocos segundos de que ellas salieran de la cafetería entraba Ethan. Iba bastante nervioso ya que pensaba que se encontraría con Sofía. Y aún no había decidido si quería verla otra vez o no.

Cuando llegaron a la oficina se encontraron con el gerente que iba hacia ellas muy nervioso.

—Chicas. A mi despacho enseguida. Tengo que hablar con vosotras.

Se miraron entre ellas preguntándose silenciosamente que podría pasar para que les llamara a su despacho. Comprobaron la hora disimuladamente por si habían tardado más de la cuenta, pero no. Le siguieron y se sentaron en las sillas delante de su escritorio.

—Tengo una noticia que daros. Y no es muy buena.

—Nos estas asustando Joseph. ¿Qué ha pasado? —A Sofía no le gustaba nada la intriga con la que estaba hablando.

—Hemos recibido un email de *Butler & Wilson* que creo que no traen muy buenas noticias. —dijo mientras abría el email.

— ¿Qué han dicho? —Sofía y Stacy estaban muertas de curiosidad.

—Han recibido una nueva campaña por parte de *Together Marketing LTD*. Dicen que les ha gustado más que la nuestra y que los contratarán a ellos.

Sofía se quedó muda. No sabía cómo reaccionar. Después del tiempo que había dedicado a esa campaña, las horas pasadas en vela. Tenía confianza en que ganarían. No solía perder clientes, en España había conseguido todos los que se había propuesto.

Al principio cuando llegó le miraban un poco por encima del hombro, ya que no creían la fama que tenía. Con esta campaña quería demostrarles su talento, pero por lo visto no iba a ser así.

Se levantaron sin decir nada. Sacaron un café y se dirigieron a la oficina de Sofía. Stacy se quedó afuera, en su escritorio. Sofía entro y se sentó. Y se quedó con la mirada perdida.

24

Ethan ya estaba preparado. En unos minutos saldría de su casa de camino al restaurante. Cenaría con Jacob y después irían a tomar algo. Y esperaba volver a casa acompañado.

Necesitaba volver acompañado.

Se desplazó al restaurante en taxi. Durante el trayecto estuvo consultando su móvil jurándose a sí mismo que una vez entrara en el establecimiento no lo volvería a mirar. Al llegar entró, Jacob aún no había llegado por lo que lo esperó sentado mirando la carta. Quería probar algún plato que no hubiese probado aun.

Poco después entro Jacob. Los dos se habían esmerado a la hora de vestirse. Ethan había elegido unos vaqueros azules un poco estrechos y con algún agujero. Lo complementó con una camiseta estrecha de color blanco y una chaqueta negra. Por supuesto llevaba los musculo bien marcados, ya que atraían mucho a la vista.

Jacob por otro lado era más clásico. Llevaba unos pantalones chinos de color marrón claro. Un polo de color negro y encima una chaqueta del mismo color. Estaba claro que se habían vestido para triunfar.

Cenaron mientras conversaban animadamente de todo. Salió el tema de Sofía, pero Ethan le paró en seco explicándole que no había salido bien y ya no estaban juntos. Al escuchar esto Jacob le animó a buscar una chica esta noche que le ayudara a olvidarse de ella.

Eso era precisamente lo que pensaba hacer.

Después de cenar fueron a *The Ship*, su local favorito. Al ser un viernes por la noche estaba bastante animado. La cola daba la vuelta a la manzana para poder entrar. Por suerte su amistad con el dueño y les permitía pasar sin tener que esperar.

Al entrar se sorprendieron de la cantidad de gente que había. No había estado tan lleno las veces anteriores que habían asistido. Pidieron unas bebidas y se sentaron en la barra para observar el ambiente.

Recorrieron el local, con la vista, de un extremo al otro. Jacob desapareció a los minutos tras alguien conocido. Ethan decidió caminar por el local para ver si encontraba a alguien interesante.

Se encontró muchas chicas jóvenes guapas, que le dedicaban una sonrisa al pasar por su lado. Pero ninguna acababa de atraerle. Se acercaron a hablar con él. Habló con ellas e incluso bailó una canción pero nada más.

De repente vio una melena morena en mitad de la pista de baile y enseguida se quedó mirándola. Siempre le había atraído el pelo oscuro. Esa chica tenía un cuerpo de infarto. Llevaba un vestido negro corto, que le tapaba lo justo. Ethan pensó que si se agachaba un poco más al bailar podría ver lo que escondía esa prenda.

Solo de pensarlo decidió ir a bailar con ella. Pero alguien se le adelantó. Un chico se puso a bailar enfrente de la chica y esta le siguió el baile. La canción acabó y la siguiente fue un ritmo suave. El chico aprovechó para acercarse, abrazarla un poco y moverse al ritmo de la música.

Mientras bailaban dieron una vuelta y entonces la vio. Vio su cara y se quedó petrificado. Era Sofía, la dueña de esa melena negra, que le había cautivado. No podía creer que estuviera aquí y menos bailando con otro hombre.

Otro hombre.

Cuando lo pensó bien una rabia empezó a crecer dentro de él. Con que derecho se creía para bailar con Sofía.

Su Sofía.

Cuando se dio cuenta hacia donde le llevaron sus pensamientos paró sus pies. Se encontraba a mitad de camino a apartar a ese buitre de ella. No sabía si quería volver a verla o no. Y ahora que la veía con otro hombre, justo después, se refería a ella como su Sofía.

Estaba hecho un lío.

Volvió a su asiento, pensativo. Se olvidó que Sofía estaba bailando con otro hombre y le dio vueltas a lo que se había dicho a sí mismo. Los volvió a mirar y otra vez sentía esa rabia destructora, que le haría hacer cualquier locura.

Se acabó la canción y ella se separó. Se acercó a un grupo de chicas dejando al hombre ahí solo. Empezó a calmarse, pero el buitre volvió a por más y entonces ya no pudo más. Ethan lo apartaría de ella.

Empezó a caminar por la pista de baile sin perderles de vista. Tenía que ir esquivando a la gente ya que la canción que se estaba escuchando en ese momento era uno de los éxitos y la gente bailaba como loca.

Cuando llegó a Sofía el hombre le estaba agarrando el brazo y se acercaba a ella para hablarle al oído, aprovechando que el volumen de la música no permitía otra cosa. Aquello le saco de sus casillas y le apartó de un tirón.

Los implicados se quedaron sorprendidos, en un momento estaban hablando y al otro el hombre salió disparado. Entonces Sofía y Ethan cruzaron las miradas. Se reconocieron. Sofía abrió los ojos como platos en cuanto lo reconoció. El hombre volvía para ver qué pasaba, pero Ethan se giró y le miró de tal manera que se paró en seco.

Agarró a Sofía del brazo y empezó a andar hacia una zona menos transitada y donde pudieran hablar tranquilamente. Ella no sabía a donde la llevaba. Tiraba de su brazo para que la soltara pero sin mucho éxito.

Ethan se conocía todos los pasillos internos del local. Abrió la puerta por donde entraba y salía el personal y entró en el baño de las mujeres. Revisó que no hubiera nadie y echó el cerrojo.

— ¿Se puede saber qué coño te pasa? — dijo chillando. Sofía estaba muy nerviosa. Nunca la habían tratado de esa forma. Prácticamente la había arrastrado por todo el local, delante de sus amigos.

En vez de hablar, Ethan se acercó a ella hambriento. Le agarró por la espalda, la acercó a él y la besó con la pasión de no haberlo hecho los últimos dos días. Ella intentaba resistirse pero sus besos eran su debilidad.

Cuando se apartó, ella ni corta ni perezosa le dio un tortazo. Ethan se quedó perplejo. No se esperaba esa reacción.

—*Nena*, pensaba que te gustaban mis besos –le dijo mientras se acariciaba la cara. Sofía no hacía más que mirarlo todo, se apartó de él, y se dirigió hacia la puerta con la intención de salir de ahí pero Ethan le cortó el paso—. No pensarás que te voy a dejar salir para que te vayas con ese tío.

—¿Ese es tu problema? —Le enfrentó y se cruzó de brazos—. Porqué que yo sepa tú y yo no somos nada y puedo estar con quién me dé la gana. Así que aparta de ahí que voy a salir.

Intentó apartarlo para abrir la puerta pero pesaba mucho para ella, a parte estaba haciendo fuerza para que no pudiera moverlo. Estaba tan cabreada que le dio un puñetazo en el brazo. Se giró y empezó a caminar por el baño.

Ethan se lanzó como un tigre hacia ella. Sin apenas hacer ruido se acercó, la giró y juntó sus bocas. Sofía se olvidaba de todo cuando la besaba, por lo que intentó zafarse de él. Le empujaba mientras la besaba pero perseveró, aprovechando la atracción que sentían el uno por el otra hasta que consiguió que estuviera suspirando por él.

Dejó de resistirse y le agarró de la nuca. Se besaron hasta que Sofía sintió la excitación de Ethan. Quería parar el beso pero no le funcionaba empujarlo así probó con otra cosa. Le mordió el labio.

Ethan se apartó y se chupó la sangre de labio mientras la miraba. Al observar esto Sofía notó como se humedecía y su excitación crecía.

—Creo que me debes una explicación. ¿No? —Sofía aún tenía la respiración entrecortada a causa del beso.

—¿No deberías dármela tú? —Ethan arqueó una ceja–. ¿A qué viene este mordisco? —Se señaló el labio con el dedo índice.

—Sabes que no habrías parado si no lo hubiera hecho. –Ethan le dedicó una sonrisa picarona, ya que los dos sabían cómo habrían acabado.

—No soportaba ver a ese tío cerca de ti. —dijo muy serio. Sofía se alegró al escucharlo aunque no dejó que esa satisfacción se reflejara en su rostro.

—Sabes muy bien que no me refiero a eso.

Ethan no sabía muy bien cómo explicarle su ausencia, su falta de llamada y mensajes. Debería pensar algo rápido.

—Llevábamos mucho tiempo viéndonos y quería darme un tiempo. —No se le ocurrió ninguna explicación que pudiera sonar razonable.

—Por eso insististe tanto en venir el otro día, viniste me utilizaste y después te fuiste sin decir adiós siquiera. —Le había dolido bastante el hecho de no despedirse de ella.

—Sabes que si te hubiera despertado para decirte adiós, directamente no me habría ido, habríamos estado en la cama hasta la hora de partir al trabajo. —Se acercó un poco a ella. Y la miró con deseo.

—Igualmente deberías haberlo dicho. Me molestó bastante despertarme sola en la cama cuando nos habíamos dormido juntos. —Se encogió de hombros. Se cruzó de brazos y la miró esperando que siguiera con la explicación.

—Lo siento. —Dijo mientras la miraba con arrepentimiento–. Pero llevo dos días dándole vueltas al hecho de si quiero seguir viéndote o no.

— ¿Y a que conclusión has llegado?

—No había llegado a ninguna hasta que te vi con ese. No quiero que ningún otro hombre te toque. –Ahora, estaban bastante cerca el uno del otro.

Sofía no podía creerse todo lo que se estaban diciendo. Parecía que era el día de las confesiones. Necesitaba esa explicación, en los dos días que había pasado sin verse no había dejado de pensar en ello.

Por otro lado, Ethan no podía creer lo que había salido de sus labios. Aunque era exactamente lo que pensaba. Por mucho que hubiera mentido y engañado a Sofía quería seguir viéndola.

Seguir teniéndola.

Confesaría lo que sentía, pero omitiría todo lo relacionado con la campaña y su trabajo.

—Ya sabes cuál es mi punto de vista en cuanto a eso. —Sofía no quería ninguna relación sería.

—Lo sé. Yo pensaba lo mismo. Hasta hace quince minutos.

— ¿Y qué pretendes que hagamos?

—No estés con otro mientras estemos juntos… Sé que no quieres novio, no lo seremos, simplemente amigos con derecho a mucho roce. —Le dedicó una sonrisa y se encogió de hombros—. Pero mientras estés conmigo no te acercarás otro, por favor, ni siquiera para bailar. No lo soportaría.

Juntó su frente con la de Sofía. Acababa de pedirle exclusividad. No sabía muy bien cómo se lo iba a tomar. Nunca habían hablado sobre ese tema. Tampoco había sentido ganas de estar con otra mujer.

—Cuando estoy con un hombre como he estado contigo no suelo irme con otro…

—Yo no he insinuado eso —La interrumpió.

—Déjame hablar. Si estoy con alguien con el que quedo más de una vez, durante el tiempo que estoy viendo a esa persona no estoy con otra. No me gusta. Me hace sentir… sucia.

Esto último lo dijo en un susurro porque la cercanía de Ethan la estaba poniendo nerviosa.

—¿Eso quiere decir que estamos igual que antes? —susurró Ethan muy cerca de su boca.

—Eso depende de ti. Tú fuiste el que desapareciste.

La besó con toda su pasión. Quería demostrarle que seguía sintiendo lo mismo.

Se besaron intentando recuperar lo perdido durante los dos días anteriores. Sofía se agarraba de su nuca mientras que él tenía las manos en su trasero. La apretaba hacía él para que notara su erección. Se movieron hasta que chocaron con algo que resultó ser la puerta del baño. Ethan se separó para coger un poco de aire.

— ¿Te parece suficiente respuesta?

25

Ethan había tomado una decisión. Y debían salir de ahí. Agarró a Sofía de la mano, abrió la puerta y tras mirar a ambos lados, salió. Caminaron hasta llegar a la puerta por dónde habían entrado. Salieron a la discoteca y tras cruzar el mar de cuerpos contoneándose se dirigieron a la salida.

Fuera pararon un taxi y Ethan le dio la dirección de su casa. Durante todo el trayecto, la conversación fue poco fluida, intentaron no tocarse, conocían demasiado bien lo que ocurría tras cualquier contacto.

Llegaron y subieron en el ascensor. Se contuvieron mientras subían dado que no estaban solos en la cabina. En cuanto Ethan abrió la puerta del apartamento, apoyó a Sofía en la puerta. Y al instante unieron sus labios y sus lenguas. Ethan se apartó antes de que la desnudara ahí mismo.

— ¿Quieres beber algo? —Se dirigió a la cocina. Abrió un armario, cogió dos copas y sirvió dos *gin-tonics*.

Se sentaron en el sofá a intentar beberse la copa. Pero fue muy difícil, la tensión sexual en el ambiente era palpable. Sofía se sentó en el sofá. Al hacerlo se le subió un poco el vestido, dejando entrever mucha más piel de la que ya mostraba. E Ethan cuando vio sus piernas desnudas, dejó la copa suavemente sobre la mesa.

Acarició sus piernas de arriba abajo, deteniendo sus caricias en la parte superior de sus muslos. Tras varios recorridos le rozó con sus largos dedos el sexo. Siguió haciendo lo mismo pero aumentando cada vez más el contacto, hasta que dejó de mover la mano.

Sofía abrió las piernas para ofrecerle mejor acceso. Ethan le acarició encima de la ropa interior, mientras la miraba a los ojos. Ella se mordía el labio mientras disfrutaba de sus caricias. Ethan le apartó el tanga. Acercando sus dedos de nuevo a sus labios suavemente. Con ayuda de la otra mano le abrió más las piernas, Sofía apoyó la espalda en el respaldo del sofá.

Lentamente las caricias se iban intensificando, pero sin rozarle el clítoris, donde más lo necesitaba.

Ella estaba muy húmeda, Ethan podía sentirlo en sus dedos. Suavemente le acarició el clítoris y gimió. Lo hizo suave, mojó el dedo con su flujo y empezó a trazar círculos alrededor de montículo sin llegar a rozarlo. Sensibilizando la zona.

Cuando por fin Ethan movió los dedos como Sofía necesitaba, estalló en un intenso orgasmo. Obligándola a arquearse y a gritar sin poder evitarlo. Ethan alzó a Sofía por debajo de los brazos y ella cerró sus piernas alrededor de él. Se levantó despacio y la llevó a la cama.

La necesitaba en su cama.

Se tumbó encima y devoró su boca mientras se mecía. Sofía casi le arranca la camiseta. Acarició sus músculos. Y empujó con fuerza hasta que le dio la vuelta poniéndose a horcajadas encima de él. Le desabrochó los pantalones y se los bajo con la ropa interior.

—Así me gusta tenerte. —Sofía le observó de arriba abajo, y su mirada se entretuvo en su entrepierna —Desnudo para mí.

Se acercaron para besarse. No podían parar de besarse. Ella le empujó de nuevo hacia abajo para que se quedara tumbado. Y mientras el refunfuñaba, pasó su lengua y dientes por sus pectorales. Lentamente fue bajando hasta llegar a su miembro. Lo tomó en su mano y luego lo barrió con la lengua de arriba abajo, dedicándole más atención a la punta.

Le tomó en su boca. Haciendo que Ethan gimiera y se arqueara. Le posó una mano en la cabeza y le apartó el cabello. Movía sus caderas al ritmo de ella, no podía evitarlo. Cuando pensó que no podría aguantar más, la apartó. No quería terminar.

Sofía se levantó suavemente. Se acercó a él haciéndole creer que le besaría y sin previo aviso se sentó sobre el introduciendo su miembro de una sola estocada provocando los gemidos de ambos.

Ethan se sentó para poder estar más cerca de ella. Se meció suavemente dejando que Sofía se acostumbrándose a esa nueva postura. Lo sentía más grande así. Llenándola por completo.

Le agarró las caderas instándola a moverse más rápido. Incrementando el ritmo provocándoles mucho más placer. Se besaban sin parar mientras ella se movía sobre su miembro.

Estaban a punto. Ethan notaba como el sexo de Sofía empezaba a apretarle con fuerza. Se movió debajo de ella. Dándole más profundidad a las estocadas. Tomó sus pechos en su boca, mordió sus pezones.

Sofía no podía dejar de gemir. Estaba demasiado cerca de terminar. Aceleró el ritmo hasta que el orgasmo se desató imparable en su interior. Ethan la apretó contra él todo lo que pudo entrando en ella por completo, para terminar con fuerza.

Gritaron juntos.

Se tumbaron en la cama para recuperar la respiración. Pensando en lo que acababan de hacer. Ninguna de las anteriores veces que habían estado juntos fue tan intenso.

—Llevaba tiempo queriendo tenerte en mi cama – Ethan se acercó a Sofía y le mordisqueó el cuello.

—Para… —Pidió. Aunque estaba deseando que siguiera.

Se portó bien y se apartó de ella. Se moría de curiosidad por saber la razón por la que había salido esa noche de copas. Esperaba que no fuese para ligar.

— ¿Y eso que has salido hoy?

—Necesitaba olvidar por un rato. —Respondió Sofía poniéndose bocarriba y miró el techo pensativa.

— ¿Qué necesitabas olvidar? —Esperaba que no fuera a él.

—Cosas del trabajo. Un proyecto al que le había dedicado mucho tiempo y me ha salido mal. —Ethan sabía a qué se refería, él había sido la razón de dicho fracaso.

—Dime que puedo hacer para ayudarte a olvidar. — Se acercó a ella. Y Sofía se giró con el deseo tiñendo su mirada.

—Hazme tuya durante toda la noche.

Ethan no necesitó más tentación. La devoró durante toda la noche. Besó, acarició, mordió y lamió hasta compensar sus días de ausencia. La hizo suya, una y otra vez, ayudándola a olvidar. Hizo que gritara de placer hasta casi quedarse afónica. Hasta que se durmieron exhaustos.

26

El fin de semana terminó y dio paso al inicio de otra semana. Otra semana laboral intensa tanto para Sofía como para Ethan.

Sofía debía centrarse. Tenía trabajo pendiente y otras campañas que echar adelante, debía encontrar el modo de compensar la pérdida de la campaña de los joyeros. Por eso debían trabajar duro para terminar todo lo que tenían pendiente. No habían podido ganar un cliente, que le otorgaría mucho prestigio, pero no se podían venir abajo. Encontrarían el modo de hacerse con un pez gordo pronto.

Las penas se quedaron en las copas que tomó el fin de semana. Y en los polvos que echó con Ethan en su casa. No abandonaron la cama hasta el lunes por la mañana. Había sido unos días en el reino del sexo increíbles.

Nunca se había considerado una adicta al sexo, pero desde que conoció a Ethan quería hacerlo a todas horas, de cualquier manera. Se estaba volviendo adepta a él.

El primer día después de la perdida de la campaña, el equipo estuvo con los ánimos por los suelos. Pero después de una charla todos estuvieron de acuerdo en seguir adelante. Trabajaron como si nada hubiera pasado, como si nunca hubieran tenido a los diseñadores de joyas en su departamento.

La amistad entre Sofía y Stacy cada vez se afianzaba más. Realmente la consideraba una amiga, una confidente. En el trabajo se comportaban como jefa y secretaria, pero fuera de la oficina se soltaban la melena y eran las mejores amigas.

Siguió viéndose con Ethan cada noche. Algunas noches quedaban en el apartamento de ella, otras en el de él. Cenaban y pasaban la noche teniéndose el uno al otro. Dormían pocas horas pero se despertaban como nuevos.

Ethan ultimó, junto a su equipo los detalles de la campaña preparándose para la presentación. Fue todo un éxito. Los joyeros contrataron a *Together Marketing* para su publicidad durante los dos años siguientes.

Cuando le dio la noticia a su abuelo se alegró muchísimo, era el último paso que necesitaban dar para que Ethan ascendiera en la empresa.

Tras firmar los contratos, Ethan fue reclamado en el despacho del director.

—Siéntate Ethan. —Le señaló la silla— Te he pedido que vengas para darte la enhorabuena. Has hecho un buen trabajo con esta última campaña.

—Gracias señor, no habría sido posible sin mi equipo. —Aunque Ethan sabía que estaba mintiendo, había conseguido la campaña a costa del trabajo de Sofía.

—La directiva se ha reunido estos días Ethan y creo que tenemos una gran noticia que darte. —Se quedó callado para darle un poco de tensión al momento—. Creemos que desde que entraste has estado haciendo un gran trabajo por lo que nos gustaría ofrecerte una participación como socio.

Ethan sentía que solo por haber conseguido aquel paso, merecería la pena haber engañado a Sofía. Por fin el plan estaba dando sus frutos. Era el último paso antes de llegar a la cima. Una vez que Ethan se reuniera con los directores y firmara los papeles necesarios comenzaría el trabajo duro para el tramo final de su venganza.

Ethan tendría que hablar con los socios uno a uno, explicándole quien era y la situación de su abuelo. Aunque primero debería ganarse su confianza, para estar seguro de que no le delataban. Una vez que consiga hacerse con el favor de todos los socios destituiría a Charles Town de su trono.

Ethan había decidido que después de terminar con Charles hablaría con Sofía. Quería explicarle lo que había hecho todas las noches cuando ella que quedaba dormida. El motivo que tuvo para hacerlo y por supuesto expresarle sus sentimientos. Porque Ethan se sentía muy mal consigo mismo.

Este fin de semana lo pasaría junto a ella. Stacy, su amiga y compañera de trabajo, había quedado con Jacob, por lo que Sofía tenía los días libres. Quería sorprenderla. Quería que esos días fueran diferentes a lo que estaban acostumbrados, por mucho que no le apeteciera salir de la cama.

Sofía era una mujer explosiva, apasionada. Le volvía loco. Ethan no era un hombre que siempre tuviera el sexo en la cabeza. Aunque, muy a su pesar, desde que la conoció, sí que lo tenía.

Programaría un fin de semana tranquilo pero divertido para los dos. Le explicaría los planes sin darle demasiados detalles para poder sorprenderla.

El viernes, la primera noche del ansiado fin de semana. Los dos estaban muy cansados por culpa del trabajo, pero estaban deseando aprovechar los días libres para estar juntos.

Ethan le había mandado un mensaje pidiéndole que estuviera lista a las ocho, pasaría a buscarla. Le había pedido que no organizara nada para que disfrutaran de todo el fin de semana juntos. Ethan estaba bastante nervioso porque no sabía cómo se iba a tomar Sofía estos cambios en su relación. Él simplemente esperaba que pudieran pasárselo bien.

Sofía acababa de llegar a casa después de una larga jornada. Fue directa a la ducha para intentar que el agua caliente la relajarse. No disponía de mucho tiempo si quería estar lista a las ocho. Ethan le había dicho que pasaría a buscarla. Pero no había dicho nada de dónde irían. No tenía ni idea de que ropa ponerse, si formal o de sport.

Abrió el armario y fue ojeando todo lo que había. Se decidió por un vestido negro ceñido al cuerpo con falda de tubo. Tenía un escote en forma de pico tanto por delante como por atrás y las mangas largas. Conjuntó el vestido con unos taconazos y un bolso del mismo color.

Se recogió el pelo para que se pudiera apreciar bien el escote y se maquilló dedicándole especial atención a los ojos. El resultado era perfecto. Esperaba que Ethan también lo apreciara.

Llamaron al portero y enseguida supo que era él. Bajó enseguida. Ethan le esperaba apoyado en el coche con las manos en los bolsillos y con la mirada perdida.

Estaba realmente sexy. Llevaba unos pantalones de vestir negros hechos a medida, que le sentaban de miedo; una camisa negra y una chaqueta a juego con los pantalones. Antes de acercarse ya le había hecho un repaso de arriba abajo. Se acercó lentamente para seguir observándole todo el tiempo posible.

Cuando la vio salir del portal Ethan se quedó petrificado. Estaba preciosa. Ese vestido se adaptaba a su cuerpo como una segunda piel. Resaltando tocas y cada una de sus curvas.

Y menudas curvas.

Ethan no quería dejar volar sus pensamientos, o iría empalmado toda la noche. Y tenía grandes planes antes de volver a casa.

Subieron al coche en silencio y arrancó. Puso rumbo a su destino. Sofía le preguntó un par de veces dónde iban, pero él no respondió, quería que fuera una sorpresa. Bromearon durante el resto del camino, mientras la tensión era palpaba entre ellos.

Poco después llegaron a su destino. E Ethan la ayudó a salir del coche. Le situó en la mano parte baja de la espalda y la escoltó hasta la puerta del restaurante que había reservado *La bella Italia*. Sofía se quedó sorprendida cuando vio a dónde se dirigían. Había oído hablar mucho de él y todas las críticas coincidían en que era un establecimiento muy romántico.

Entraron e Ethan dio el nombre de la reserva. No apartó su mano de la espalda en ningún momento hasta que llegaron a la mesa y se sentaron. La iluminación del sitio era bastante tenue confiriendo privacidad a las parejas en cualquier parte del comedor.

Las mesas eran en su mayoría redondas con un mantel blanco. Decoradas con unas velas en el centro. Al llegar a la mesa, el camarero le acomodó la silla para que pudiera sentarse.

Ethan no le quitó el ojo a Sofía en ningún momento. Observando sus reacciones. Cuando ella recorrió el comedor con la mirada se fijó en él. Se cruzaron sus miradas. No dijeron nada, simplemente se observaron.

El camarero se acercó y pidieron la cena. No se habían dicho nada desde que llegaron. Se encontraban un poco cohibidos. Así que Ethan intentó romper el hielo.

—Estás muy callada. —Le acarició la mano por encima de la mesa.

Sofía miró la mano que le estaba acariciando y subió la vista para mirarle a los ojos.

—No sé qué decir. No me esperaba esto. —Miró alrededor para que supiera a que se refería.

—Me apetecía hacer algo diferente. Espero que no te importe.

La miró con expectación. No quería que aquellos maravillosos días que había pasado juntos se fuera todo al traste. Llegaron sus platos y empezaron a comer y lentamente se fueron desprendiendo la tensión, hasta que se olvidaron de ella por completo.

Ethan la hacía reír cada dos por tres. Estaban disfrutando mucho. Siguieron disfrutando de una cena amena, terminaron los primeros y siguieron con los segundos, para después tomar el postre. Y apenas dejaron de hablar en ningún momento.

Conversaron sobre sus familias y infancias, contaron anécdotas divertidas, otras no tanto. De vez en cuando se rozaban las manos por encima de la mesa.

Sofía se levantó para ir al aseo e Ethan aprovechó para pagar la cuenta. A su vuelta, Ethan le comentó que debían irse.

Pasearon el uno junto al otro abrazados. Era una noche calurosa y la gente había aprovechado pasa salir a pasear.

Iban caminando por un paseo peatonal bastante concurrido, serpenteando entre el resto de viandantes mientras disfrutaban de la velada.

Sofía apenas prestaba atención al paisaje, solo tenía ojos para Ethan. Cuando se detuvieron, Sofía recorrió con la mirada el lugar, hasta que levantó la vista y la vio. La gigantesca noria, *The London Eye*.

Se giró hacia Ethan con la emoción escrita en la cara. Ethan se rio al ver la expresión. Hicieron cola durante un buen, aquella noche había bastante gente.

Cuando por fin llego su turno, entraron y se sentaron uno junto al otro. Lentamente la noria empezó a avanzar suavemente elevándoles del suelo. A mitad de la altura Sofía se levantó maravillada por las vista. Ethan se situó detrás y la abrazó. Besó su cuello, su clavícula, su hombro. Ella se giró y se fundieron en un beso con la ciudad de Londres iluminada, a sus espaldas.

Se separaron y volvieron a observar las vistas, Sofía con la espalda pegada al pecho de Ethan. Cuando el trayecto llegó a su fin salieron cogidos de la mano. Y siguieron la velada paseando por un parque cercano.

Empezó a refrescar. Como Sofía no llevaba nada con lo que abrigarse, decidieron volver a casa caminando tranquilamente hacia el coche de Ethan.

27

Hicieron el trayecto a casa en silencio. Sumergidos en sus propios pensamientos. Sofía tenía la mirada perdida a través de la ventanilla del coche.

Ella tenía claro que no quería ninguna relación durante el tiempo que pasara en Londres, hasta esa noche. Ahora no era tan sencillo. Había pasado una noche estupenda. Se había sentido muy cómoda, habían hablado de todo, le había contado cosas bastante íntimas. Había mucho *feeling* y complicidad entre ellos.

Sin apenas darse cuenta llegaron a casa de Ethan. Entraron en el parking y estacionaron. Salieron del coche e Ethan no puso resistirse y besó a Sofía suavemente acariciando sus labios mientras la estrechaba entre sus manos.

Al separarse apoyó su frente en la de ella. Se miraron a los ojos mientras Ethan le acariciaba la cara con el pulgar. La tomó de la mano y caminaron juntos hacia el ascensor.

Al entrar ya estaban las luces encendidas. Sofía se sorprendió pero al fijarse bien, se dio cuenta que no era la luz artificial, si no que había muchas velas colocadas estratégicamente por todo el salón.

Siguieron un rastro de pétalos de rosa que había por el suelo hasta llegar a su dormitorio. La cama estaba llena de ellos. Sofía lo miraba todo con los ojos muy abierto intentando no perderse ningún detalle.

Ethan se dirigió al reproductor de música y lo encendió. Y una balada muy conocida empezó a reproducirse suavemente. Se acercó a ella lentamente, la tomó de la mano y la acercó hacia él. Se deslizaban por el dormitorio como si estuvieran en una pista de baile muy lentamente dejándose llevar por el ritmo de la música. La canción llegaba a su fin, pero otra empezó. No le dieron importancia al cambio estaban demasiado ensimismados el uno con el otro.

Juntaron sus bocas sin cesar sus movimientos. Se besaron con suavidad, con pasión, lentamente. Se saborearon como si fuera la primera vez que lo hacían. Ethan le acariciaba los brazos, la espalda. Le besó el cuello y se deslizo entre suaves caricias hasta el hombro.

Con suavidad le fue bajando el vestido hasta dejarla en ropa interior. Siguieron bailando pegados, pero la ropa que llevaba Ethan molestaba, no les dejaba sentir piel con piel. Sofía le quitó la chaqueta. Agarró la camisa justo por encima de la cinturilla del pantalón y tiró hacia arriba. La camisa salió por los brazos y fue a parar junto a la chaqueta. A algún lugar del suelo.

Le acarició el pecho, los abdominales, la musculosa espalda mientras le besaba. Desabrochó el cinturón junto a los pantalones y los dejó caer. Ethan se los terminó de quitar.

Les encantaba sentirse así, piel contra piel. Se movían al ritmo de una nueva canción. Sofía se dio la vuelta dándole la espalda a Ethan. Éste la abrazó desde atrás. Besó su cuello mientras deslizaba sus manos a través de su cuerpo hasta que llegó a su feminidad. Acariciándola suavemente a través de su ropa interior. Sofía se arqueó al sentir su caricia.

Metió la mano dentro de la ropa interior para acariciarle mejor. Tocó su clítoris para estimularla. Mientras con la otra mano le desabrochó el sujetador y le bajó el tanga. La empujó con la mano aún entre sus piernas caminando hasta llegar a la cama. Y suavemente la insto con su cuerpo que se tumbara.

Lo hizo. Y él encima de ella. Se bajó los calzoncillos con una mano, la otra la pasó por debajo del cuerpo de Sofía y con un solo movimiento entró en ella. Sofía gimió al sentirlo, se agarró a las sabanas dado que el peso de Ethan no le permitía arquearse.

Salió suavemente para entrar con la misma suavidad. Siguió con ese ritmo lento mientras que Sofía se retorcía del placer. Ella subía las caderas instándole a que se moviera más deprisa, pero él la hizo sufrir con un ritmo suave, lento y torturador que la acercaba suavemente al orgasmo. Solo cuando tuvo la certeza de que estaba cerca, Ethan se movió más deprisa. Bastante más deprisa. Ayudándola a llegar al orgasmo más intenso que había sentido. Pocas embestidas después Ethan se dejó llevar.

Se quedaros tumbados unos segundos para recobrar la respiración. Se separaron y acostaron uno junto al otro. Ethan se acercó a Sofía. Le pasó el brazo por debajo de la cabeza y la abrazó, ella se lo devolvió a él.

—Espero que te haya gustado mi sorpresa. —dijo Ethan mientras le acariciaba el pelo.

—Sí. Aunque no me lo esperaba. —Sofía nunca se hubiera imaginado tener una cita tan romántica con él.

— ¿Por qué? —preguntó mientras le besaba el cuello mientras hablaban.

—Habíamos quedado en que solo sería sexo. —Giró el rostro para poder mirarlo.

—Lo sé, pero quería una noche así. Una noche tranquila, en la que saliéramos a cenar, a pasear. Una noche en la que pudiera hacerte mía con tranquilidad.

Siguieron con los juegos hasta bien entrada la madrugada. Durmieron plácidamente hasta que despuntó el alba.

Ethan fue el primero en levantarse por lo que se fue a preparar el desayuno para los dos.

Mientras Ethan preparaba el desayuno, Sofía se despertó y desperezó recordando momentos de la noche anterior.

Se sentía satisfecha pero a la vez dolorida en ciertas partes. La noche había empezado tierna pero acabó apasionada cuando ellos se dejaban llevar por el deseo se descontrolaban.

Entró un momento en el baño para asearse antes de ir a buscar a Ethan.

Lo encontró en la cocina terminando el desayuno. Había preparado café para ella y té para él, tostadas, huevos revueltos y un bol con fruta troceada. Todo estaba dispuesto ya sobre la mesa.

Se dieron los buenos días con un beso y se sentaron a desayunar. Estaban hambrientos después del ejercicio que había hecho la noche anterior. Apenas tardaron unos minutos devorar lo que Ethan había preparado.

—Voy a darme una duchar y vestirme. Después vamos a tu casa para que te cambies de ropa y nos vamos. —dijo recogiendo los platos mientras hablaba.

— ¿A dónde? —preguntó Sofía con tono aterciopelado. Ethan se giró para mirarla ya que le había provocado con el tono de voz.

—Ya lo verás. —sonrió y siguió colocando los platos en el lavavajillas.

Ethan se ducho y se puso ropa cómoda para estar muchas horas fuera de casa. Fueron a casa de ella y se cambió. No le había dicho en ningún momento donde irían, solo le avisó que se pusiera ropa cómoda.

El punto de partida fue el mismo que el del día anterior. Se dirigieron a la famosa noria londinense. Una vez allí se embarcaron en el famoso ferry que les llevaría a navegar por el *Támesis*. Durante varias horas estarían solos contemplando la ciudad balanceándose al ritmo del ferry.

Horas que pasaron en la proa, abrazados, observando el horizonte. Ella recostada en la barandilla y él detrás de ella abrazándola y acariciándola besándose suavemente, sin prisa.

Sofía se dejó mimar.

Tras el viaje por el *Támesis* pasearon agarrados de la mano. Se detuvieron en un restaurante a comer, con velas en las mesas, con la luz tenue. El restaurante tenía un ambiente muy romántico. Conversaron durante todo el tiempo que estuvieron en él. Tocando todos los temas habidos y por haber.

Por la tarde, pasearon por un parque. Se sentaron en un banco a comerse un helado. Se provocaron mientras lo degustaban.

Por las noches, se amaron con pasión. Como si ese fin de semana fuera a ser el último que fueran a pasar juntos.

Al día siguiente recorrieron otras partes de Londres. Caminaron por diferentes calles, comieron en otros restaurantes. Pero se amaron con igual pasión. No se separaron en todo el día.

Querían empaparse el uno del otro. Sofía sabía que lo que sentía por Ethan iban cambiando, se había sentido tan bien durante el fin de semana, que se estaba planteándose algo más que una relación sexual con él. Su dinámica como pareja aquellos días, le había gustado.

Ethan por su parte, cada día tenía más claro que debía encontrar el modo de solucionar la traición que había cometido para poder seguir esa relación con Sofía. La Española le había calado muy hondo.

28

La semana empezó de nuevo y la rutina volvía a la vida de Sofía, jornadas laborales de ocho horas, café al atardecer y noche de sexo con Ethan.

Atrás quedaron las citas románticas.

Sofía no podía creerse que hubieran tenido tres citas seguidas. Sus encuentros siempre se habían basado en sexo. Pero ese fin de semana habían salido a cenar, a pasear y habían hecho el amor.

Aunque Sofía no quisiera admitirlo, lo habían hecho. Se habían amado con ternura, con pasión. No se habían dejado llevar por el deseo.

Ella no sabía muy bien qué tipo de relación tenían. Desde que comenzaron su vínculo había sido bien clara, pero después de ese fin de semana no lo tenía. Sofía se dio cuenta que podía hablar de cualquier tema con Ethan, podían salir a cualquier sitio y pasarlo bien, sin necesidad de estar todo el día, o más bien la noche, en la cama.

Llegó como siempre a su hora. Se tomó el café matutino con Stacy, como de costumbre y la encontró un poco nerviosa. Le preguntó por ello pero ella cambió de tema con un gesto de la mano, sin darle la menor importancia.

Esa semana tenían cuatro reuniones por lo que se puso a trabajar ya que tenía mucho que adelantar. A la hora de comer ya pensaría en su relación con Ethan.

Pero se encontraba en la oficina y no hacía más que darle vueltas al asunto.

La hora de comer llegó sin apenas darse cuenta. Bajaron las dos amigas por el ascensor y se dirigieron a su cafetería habitual. Para no cambiar la costumbre pidieron el menú del día. Hablaron de todo y de nada hasta que Stacy muerta de la curiosidad le preguntó por su fin de semana.

— ¿Qué tal el fin de semana?

—Bien, lo he pasado con Ethan. —Siguió comiendo sin darle mayor importancia al asunto. Pero al notar el silencio de Stacy la miró–. ¿Qué pasa? Parece que hayas visto un fantasma.

—Nada, cosas mías. ¿Habéis hecho algo que no sea estar en la cama? —preguntó con ironía, conocía a la perfección el tipo de relación que tenían ambos.

—Pues han sido los días más románticos de mi vida. —Se cruzaron las miradas sorprendidas por lo que había dicho Sofía.

— ¿En serio? —Stacy tampoco podía creérselo.

—Sí. Y no sé muy bien a qué se deben.

— ¿Será que está empezando a sentir algo por ti? —Stacy no podía ser una romanticona.

—No creo. ¿Tú crees? —Sofía, en el fondo quería creer que sí.

—No sé. ¿Tú que quieres? —Terminaron de comer. Y se dirigieron a pagar la cuenta, faltaba poco para subir a la oficina.

—No lo sé.

Aquel pensamiento era un gran paso para Sofía. En otras circunstancias o unas semanas hubiera dicho que no quería que Ethan sintiera nada por ella. Pero se encontraba en un punto en el que no estaba segura de nada.

—¿Me vas a decir que te pasaba esta mañana qué estabas tan nerviosa? —Ya que era momento de confesiones Sofía intentaría averiguar algo.

—Nada. —Stacy se encogió de hombros sin querer darle demasiada importancia.

—No me digas que nada, por qué te conozco.

Stacy no quería contarle exactamente cuál era su problema pero a la vez necesitaba su consejo.

—Digamos que me he enterado de algo que tiene que ver con una amiga, sobre su chico, pero no sé si debo contárselo. —Stacy se puso sería.

—Supongo que debe ser importante para que te plantees contarlo.

—Sí, lo es. —Necesitaba contarlo pero no era el momento.

—Pues díselo. Busca el momento y cuéntale el problema.

—Sí, creo que haré eso. Gracias por escucharme. —Stacy le agarró la mano.

—Para eso están las amigas. —Se encogió de hombros quitándole importancia.

Pagaron y se dirigieron a la oficina. Continuaron con el trabajo pendiente.

A las cinco se dirigieron a la cafetería, hora en la que se tomaban su café con una porción de tarta.

Stacy bajó a la cafetería con ella. Llevaban bastante tiempo sin tomar café tras el trabajo juntas. Ethan le había mandado un mensaje para decirle que se verían más tarde, por lo que, cuando Stacy le pidió para ir con ella se alegró.

Pidieron un café para Sofía y un té para Stacy, después dos porciones de la tarta del día. Stacy abrió la boca dos o tres veces para empezar a hablar, pero nunca llegó a salir nada de sus labios.

—Suéltalo. —dijo Sofía con un suspiro.

—No sé por dónde empezar…. —Se agarró las manos, las soltó, las volvió a junta.

—Dilo sin más, no puede ser tan malo.

Stacy la miró en silencio durante unos segundos. No se sentía muy bien por lo que tenía que decirle, pero era su amiga y necesitaba contárselo.

—Te acuerdas que el fin de semana pasado lo pasé con Jacob ¿verdad? —Dijo poniéndose en situación—. Te hice caso y hablamos de todo.

—Genial. ¿Ya no os peleáis a cada segundo? —Sonrió al saber que su amiga, por fin, había avanzado algo en su situación.

—No, ahora podemos hablar de vez en cuando. —Soltó una carcajada—. Una de esas tardes en las que salimos a pasear me estuvo hablando de su juventud, de su época en la universidad y de cómo conoció a Ethan.

— ¿Si? —Abrió los ojos sorprendida—. ¿Y qué te contó de él?

—De eso precisamente quería hablar contigo…

29

La reunión se había alargado más de lo deseado e Ethan no había podido ir a tomar café con Sofía, pero se encontrarían en su casa.

Así pues, después de una larga jornada, decidió ir al gimnasio a soltar algo de adrenalina.

Había sido un fin de semana estupendo, esperaba haberle dejado bien claro a Sofía sus intenciones, ya que tarde o temprano Ethan tendría que decirle la verdad, no quería seguir mintiéndola.

Aunque él sabía que cuando le contase la verdad, la perdería.

El gimnasio estaba vacío, los lunes no era un buen día para el ejercicio, después del primer día laboral de la semana. Para Ethan fue una suerte, ya que así no tendría que esperar para usar alguna máquina de ejercicio.

Después de dos horas corriendo, haciendo pesas, abdominales y flexiones, entre otras cosas, se fue a la ducha. Al salir del gimnasio puso rumbo a casa de Sofía ya que se le había hecho tarde. Tenía ganas de verla, quería saber cuál iba a ser su reacción después de los días que habían pasado juntos. Solo esperaba que no volviera a ser como antes, que hubiera algo más de acercamiento por su parte.

Tocó al timbre y subió al apartamento. La puerta ya estaba abierta y encontró a Sofía sentada en el sofá. Estaba un poco seria y cuando Ethan se acercó para besarla le giró la cara. Sofía le señaló el sillón de enfrente con la cabeza. Ethan se sentó un poco sorprendido por su comportamiento.

—No sé cómo te atreves a aparecer por aquí. —dijo Sofía al fin.

—¿A qué te refieres?

—Hoy he estado hablando con Stacy. ¿Sabes que ha pasado el fin de semana con Jacob? —Ethan negó con la cabeza—. Durante esos días les ha dado tiempo para hablar de muchas cosas. ¿A qué no sabes de qué se enteró Stacy?

Ethan no sabía dónde meterse. No estaba muy seguro a qué podía estar refiriéndose. Jacob sabía muchas cosas de él, solo esperaba que no hubiera hablado más de la cuenta.

—Se ha enterado de como os conocisteis, haciendo las prácticas juntos en una empresa de publicidad, como becarios.

Sofía se quedó callada mientras le observaba. No podía creer que hubiera confiado tanto en él. Había cambiado su forma de verlo, gracias a los días juntos y ahora se enteraba de esto.

—Le habló de las veces que os habíais ido de juerga. Volviendo a casa con una tía diferente.

—No me digas que estas celosa, porqué esas chicas no significaron nada.

—Ese, precisamente, no es ese el problema. La cuestión es que también le dijo dónde trabajabas desde hacía tres años, en *Together Marketing LTD*.

Ethan no supo que decir. Había descubierto parte de su secreto. Ya no había vuelta atrás, era el momento de contarlo. Aunque no estaba preparado para hacerlo.

—Es verdad, trabajo ahí. Poco después de empezar engañaron a mi abuelo y lo jubilaron sin que él estuviera de acuerdo. —Se quedó pensativo, recordando el día que pasó todo—. Cuando me contó lo sucedido le prometí que haría cualquier cosa para llegar a ser socios de la empresa y así poder recuperar el control de la empresa.

Sofía escuchaba atenta, necesitaba una explicación que realmente no quería. Necesitaba saber por qué la había engañado de esa manera, por qué le había dicho que trabajaba en una empresa de telecomunicaciones cuando en realidad trabajaba para la competencia.

—He trabajado duro, he ganado una campaña tras otra, traído clientes importantes y haciendo méritos. Antes de que llegaras me llegó el soplo de que me ascenderían si conseguía a *Butler & Wilson* como clientes. —Se levantó y paseó por el salón—.Me enteré que te habían trasladado desde España para reforzar la empresa. Pero necesitaba a los diseñadores, y pensé que... Organicé un encuentro casual contigo, para conocerte y poder ganarme tu confianza. Fui cada día a esa cafetería a verte para poder seducirte. Necesitaba ver tus notas para la campaña y aprovechar lo que pudiese para conseguirlos.

Sofía se levantó de golpe y lo enfrentó. Su respiración era rápida y superficial. Y apretó las manos en puños intentando calmarse.

—O sea ¿qué te has estado acostando conmigo para robarme mi trabajo? —Respiró hondo de nuevo, las ganas de lanzarle algo a la cabeza estaban empezando a ser incontrolables.

—Al principio esa era la idea… —Aquello no estaba saliendo como había planeado, Sofía no tenía que enterarse de aquel modo.

— ¿Y este fin de semana tan romántico qué? ¿Para rematar la faena? ¿Te olvidaste de copiar algo para la presentación? –sus ojos se humedecieron, el fin de semana más romántico de su vida, había sido una cruel mentira.

—Me sentía mal por lo que había hecho y quería crear algún recuerdo bueno. —Quería mirarla a los ojos, demostrarle que estaba arrepentido, pero era un cobarde, no se atrevía a hacerlo.

—Haz el favor de irte de mi casa. ¡No quiero volver a verte! —Gritó empujándole con fuerza.

Ethan hizo amago de acercarse, pero ella dio un paso atrás.

—Quería contártelo todo. Estaba esperando el momento oportuno. —Se acercó lentamente—. Intenté alejarme de ti, de verdad. Pero te vi en la discoteca aquella noche, con aquel tío pegado a ti y no pude evitar acercarme. No soportaba la idea de que otro te tocara.

La agarró por la cadera y la pegó a su cuerpo. Quería besarla pero no sabía si le correspondería o si por el contrario le daría un bofetón.

—*Nena*, por favor, vamos a…

Acerco su boca lentamente, pero ella se echó hacia atrás y se soltó de su agarre.

—¡No vuelvas a llamarme así en tu puta vida!. No pienses que por decirme lo que me has dicho te voy a perdonar. Me has mentido y me has robado. —Gritó con los ojos anegados de lágrimas. Sofía intentaba contenerlas, pero cada vez le costaba más.

—*Nena* tenía que hacerlo por mi abuelo. —Dijo mientras se pasaba la mano por la cabeza—. Entiéndeme… —Suplicó.

— *¡Que no me llames así!* No puedo entenderte, ni siquiera deberías pedirme que lo hiciera. ¡Vete!, no hay nada más que decir y no hay nada más que quiera escuchar.

Se movió rápido por el apartamento, y abrió la puerta esperando que saliera.

Ethan la miró antes de salir. No quería que acabara de esa manera. Pero sabía que no había nada que pudiera decir que arreglara el lio en el que se había metido.

Una vez se hubo marchado, Sofía cerró con fuerza y se apoyó en la puerta. Sin intentar contenerlo más, se dejó llevar por lar lágrimas y se deslizó por la puerta hasta llegar al suelo.

Llevaba todo el día muy ilusionada por la nueva dirección que había tomado su relación y de un solo plumazo todo había acabado. La había engañado, le había mentido y le había robado su trabajo. Quería volver a casa.

Se acostó sin cenar e intentó dormir, no lo consiguió. Lloró y lloró hasta que no le quedaron lágrimas. Rememoró todas las veces que se habían visto, los momentos que habían pasado juntos para buscar alguna pista o algo que le indicara el juego en el que se había visto envuelta. Pero no encontró ninguno.

Ethan era perfecto. Había sido detallista cuando debía serlo, apasionado cuando la ocasión lo requería y atento cuando lo necesitaba.

Se culpaba a sí misma por haber sido tan tonta como para no darse cuenta de la situación. Por no estar atenta y haber abierto su corazón tan pronto. Porque después de darle muchas vueltas, sabía que había estado enamorada de él desde el principio. Ese fue el motivo por el que aceptó aquella cita con él. Su insistencia cada tarde, tomándose un té con ella, haciéndola hablar cuando lo único que quería era tomarse su café tranquila y poder leer.

Ahora solo le quedaba el amargo sabor de la traición. Debería olvidar todas aquellas semanas que habían disfrutado juntos. Quería volver a casa, olvidar que alguna vez había ido a Londres y sobre todo, olvidar que había conocido a Ethan.

EPÍLOGO

El resto de la semana Sofía no fue a trabajar. Llamó para comunicar que no se encontraba bien. Apenas salió de la cama. Solo de vez en cuando para ir al baño y para coger helado del congelador. Ni siquiera se aseó como era debido.

Había momentos en los que se reñía a sí misma. Porque se suponía que para ella todo era un juego, simplemente disfrutaban del sexo juntos. Le odiaba por lo que había hecho, pero también lo echaba mucho de menos.

Esos momentos en los que le extrañaba, se recriminaba y se recordaba su engaño. Decidió volver a casa, así que empezó a empaquetar todo el domingo por la noche. Necesitaba estar ocupada para no darle más vueltas al asunto, y no seguir llorando por algo que no valía la pena.

El lunes, se puso su mejor traje, para sentirse bien consigo misma. Tuvo que dedicarle bastante tiempo al maquillaje, tenía unas ojeras increíbles. Cuando llegó al edificio se fue directamente a la oficina del director. Pidió que le trasladara de nuevo a España, si no se lo concedían, no le quedaría más remedio que dimitir.

El director le preguntó bastante preocupado si había tenido algún problema con ellos. Sofía no quería que pensara que el problema era con la empresa así que le explicó el engaño de Ethan, sin entrar en detalles sexuales.

De camino a la salida, se encontró con Stacy. Le contó todo lo ocurrido con Ethan. Le dio el número de teléfono de su casa, en España. Le pidió que empaquetara todas las cosas de su oficina y cuando las tuviera la llamara para poder darle una dirección. No quería pasar más tiempo del necesario en ese edificio.

Cuatro días después estaba en su casa. Había avisado a sus padres y a sus amigas de su regreso. Y aunque le habían preguntado la causa de su vuelta anticipada, no insistieron demasiado en saber el motivo cuando intentó evitar el tema.

—Cariño, ¿de verdad que no ha pasado nada? —Estaba en casa de sus padres. Le habían ofrecido varios días libres antes de reincorporarse al trabajo, así que aprovechó para refugiarse en los suyos, con la excusa de haber estado bastante tiempo separados.

—De verdad mamá. Me cansé de estar tan lejos. —No les había contado lo que había ocurrido con Ethan como se había aprovechado de ella de esa forma.

—Desde que llegaste estas muy apagada. ¿No habrá tenido nada que ver ese chico con el que estabas tonteando? —A su madre no se le escapaba ninguna.

—No mamá, en serio, no pasa nada.

Sofía respiró hondo y volvió a su casa, estaba cansada, agotada física y mentalmente. Quería regocijarse en sus errores y su sufrimiento. Quería nadar en la desgracia de su error, pero el trabajo y las amigas la distrajeron.

El tiempo no la curó, pero si la ayudó a despejar sus ideas, Ethan la había traicionado, la había roto, y no había modo alguno de lo olvidase.

Solo necesitaba algo más de tiempo, algo más de cariño de su familia y de sus amigos, conocer a alguien nuevo, alguien que no le mintiera, que no le engañara ni que le robara, y desde luego, alguien que la quisiera.

El tiempo no la había curado, pero desde luego, esperaba que en otro lugar, en otro país, aquel tiempo también hubiera sido un desastre para alguien más, esperaba que no solo ella estuviera sufriendo, sino que de algún modo, Ethan también estuviera pagando por todo lo que le había hecho.

¿FIN?

AGRADECIMIENTOS

Creo que esto es lo más difícil de la novela. Me ha costado muchas horas en vela, escribiendo en el autobús en un cuaderno, con el portátil en la cama. Pero tenía bien claro lo que quería escribir. Ahora me pongo delante del documento en blanco, para escribir unos agradecimientos y no sé siquiera por dónde empezar.

Sé que agradeceré a mucha gente y que aun así, me dejaré a alguien en el tintero. Así que, si lees esto y no sale tu nombre, no te lo tomes a mal.

A la primera persona que quiero agradecer que este libro salga a la venta es a mi editora de Red Apple. Muchas gracias Cristina, por confiar en mí, por darme esta oportunidad y por toda la confianza depositada en mí. También agradecer a la editorial por el buen trato, desde el primer momento.

Ya que agradezco por la publicación, no puede faltar un gracias a la portadista, Shia. Muchas gracias por esa portada tan atrayente.

Patricia, *habiba*, sabes que siempre serás especial y nunca podrías faltar. Gracias por estar ahí, por apoyarme y escucharme cuando lo necesitaba.

A mi marido y mi hijo, por tener tanta paciencia conmigo. Por comprender que me pierda tantas horas delante del ordenador y los deje plantados. Os quiero.

A mi familia, a mis padres. A mi hermano, que aparece reflejado en uno de los personajes de la historia. A mi cuñada, que es como una hermana para mí.

Y por último a ti. Gracias por leer mi libro, por llegar hasta el final de esta historia. Espero que te haya gustado tanto como a mí escribirla.

BIOGRAFÍA

Lectora voraz y gran amante de las letras, Verónika García inicio su entrada en el mundo literario muy joven y sus andaduras como bloggera la llevaron a conocer mucho más profundamente el mundo literario.

Residente en Baleares, y mujer de familia, nos trae su primer trabajo de la mano de la editorial Red Apple donde nos transportará a un Londres moderno donde las diferencias raciales no importan cuando el amor está creciendo en medio de dos personas.

Dulce Traición

Veronika García©2015

www.redappleediciones.com

Síguenos en las redes sociales

Facebook ·Twitter ·Instagram